AF628904

Stephanie Korn & Laura Friedrich

Human Design Cards

KÖNIGSFURT URANIA

Stephanie Korn & Laura Friedrich

Human Design Cards

45 Impulskarten mit Buch

KÖNIGSFURT URANIA

Bibliographische Information der Deutschen Nationalbibliothek
Die Deutsche Nationalbibliothek verzeichnet diese Publikation in der Deutschen Nationalbibliographie; detaillierte bibliographische Daten sind im Internet über http://dnb.d-nb.de abrufbar.

Originalausgabe

Königsfurt-Urania Verlag GmbH, Ringstr. 32, D-24103 Kiel
www.koenigsfurt-urania.com • www.tarot-online.com

Umschlaggestaltung: Laura Friedrich Design, Fichtenberg, unter Verwendung der Motive von Adobe Stock:
Yoga silhouette. Meditating woman in lotus position. Vector illustration.
© Li Li / stock.adobe.com
Abstract collection watercolor art
© Lisima / creativemarket.com

Projektleitung und Lektorat: Dr. Jennifer Lorenzen-Peth
Satz, Layout und Kartendesign: Laura Friedrich Design, Fichtenberg
Druck und Bindung Buch: Finidr s.r.o., Tschechische Republik
Karten- und Schachtelproduktion: Spielkartenfabrik Altenburg
Printed in EU

ISBN 978-3-86826-802-7

FSC www.fsc.org
MIX
Papier aus verantwortungsvollen Quellen
FSC® C014138

Inhalt

Kartendeutungen

Vorwort

Mit diesem Set kannst du intuitiv mit deinem *Human Design* arbeiten. Es wird dir einen völlig neuen Zugang eröffnen, zu deinen Potenzialen und körperlichen Veranlagungen. Dadurch können sich deine Gesamt-Energie, deine Entscheidungsqualität und viele Lebensbereiche in deinem Leben hoffentlich inspirierter gestalten und so noch mehr Freude sowie Leichtigkeit bei dir einkehren.

Uns liegt es am Herzen, dass du dich mit diesem Kartenset nochmal ganz neu erfahren darfst, das *Human Design* kennenlernst und mit diesem alltäglich experimentieren kannst.

Wir freuen uns sehr, wenn du offen und neugierig auf deinem individuellen Weg bleibst.

Stephanie Korn und Laura Friedrich

Was ist das Human Design System?

"Das Human Design System ist kein Glaubenssystem. Es erfordert nicht, dass Sie an irgendetwas glauben, oder dass Sie an mich glauben. Es sind keine Geschichten oder Philosophie. Es ist eine konkrete Karte der Natur des Seins, ein logischer Weg, wie wir uns selbst sehen können. Schon die einfache Mechanik reicht aus, um im Leben eines Menschen einen großen Unterschied zu machen."

Ra Uru Hu
Begründer des Human Design Systems

Das *Human Design System* hilft dir, dein einzigartiges Potenzial in allen Lebensbereichen zu erkennen. Es vereint dabei Aspekte der Astrologie, dem I-Ging, der hinduistischen Chakren-Lehre, der Kabbala sowie der Astronomie, der Genetik, der Biochemie und der Quantenphysik.

Auch wenn das *Human Design System* keine klassische Wissenschaft ist, konnte in unzähligen persönlichen Experimenten gezeigt werden, wie es funktioniert und dich unterstützen kann. Aus deinen Geburtsdaten (Tag, Uhrzeit und Ort der Geburt) wird eine Grafik erstellt, die deine einzigartige Persönlichkeits- und Körperstruktur abbildet.

Damit schafft das *Human Design System* eine Grundlage für ein sehr persönliches und erfahrungsorientiertes Experiment. Mit Hilfe dieser Grafik, dieser „Momentaufnahme", die auf dem Stand der Planeten zum Zeitpunkt deiner Geburt basiert, kannst du dich selbst noch besser kennen und verstehen lernen, bessere Entscheidungen treffen und insgesamt glücklicher und zufriedener werden.

Dieses Experiment ist für jeden Menschen - und auch für dich - sowohl erleb- als auch anwendbar im Alltag, Berufs- und Privatleben.

Wobei unterstützt dich das Human Design System?

Wir Menschen sind sehr unterschiedlich und doch haben wir eines gemeinsam: Wir sind auf dieser Welt, weil wir alle unser volles Potenzial nutzen möchten. Über deine *Human-Design*-Körpergrafik kannst du ein tieferes Verständnis für dich selbst, deine Gefühle und Verhaltensweisen entwickeln. Das gibt dir nicht nur die Möglichkeit, dich mit dir selbst und deinem Leben immer wohler zu fühlen, sondern verbessert auch deine zwischenmenschlichen Beziehungen (in der Partnerschaft, Familie oder im geschäftlichen Umfeld, mit Kolleg:innen & Co.). Diese neue Klarheit und Erkenntnis führen somit zu einem liebevolleren, akzeptierenden Blick auf dich.

Deine Körpergrafik kannst du dir wie deine persönliche Landkarte vorstellen. Sie zeigt dir, welche Wege für dich passend sind, wo du auf holperige Pfade treffen könntest oder mit Blockaden und Herausforderungen rechnen solltest. Welchen Weg du gehst, ob du eine Abkürzung nimmst oder einen Umweg – das ist ganz allein deine Entscheidung.

Dein *Human Design Chart* kann dir aber dabei helfen zu erkennen, welche Themen und Abgrenzungen in deinem Leben relevant sind. Du wirst zudem entdecken, welche Glaubensmuster dir bislang eventuell den Weg versperrt haben könnten und ersetzt werden dürfen. Lass dich auf dein Experiment ein und erfahre viele aufschlussreiche AHA-Momente bei der Entdeckung und Deutung deiner individuellen Grafik.

Warum passt Human Design in den Zeitgeist?

Unsere Welt befindet sich in einem Umbruch, der sich mit dem im *Human Design* beschriebenen Zeitalter deckt. Das globale Zeitalter ist sozusagen die Hintergrundfrequenz, die uns immer jeweils für einen Zeitraum von etwa 400 Jahren beeinflusst und prägt. Im Jahr 2027 endet das geordnete Zeitalter des Planens und das spannende Zeitalter des Individualismus beginnt.

Vielleicht hast auch du schon für dich bemerkt, dass bereits jetzt bei dir und in vielen Lebensbereichen Individualität immer wichtiger wird. Viele Menschen haben erkannt, dass sich nicht alle „über einen Kamm scheren" lassen und der genaue Blick auf die einzigartige Persönlichkeit viele Möglichkeiten und den notwendigen Raum für die Potenzialentfaltung bietet. Als eine Art „Werkzeug" für die Ergründung der eigenen Individualität erfreut sich aktuell das *Human Design System* besonderer Beliebtheit, und wir freuen uns, es dir mit diesem Kartenset und Buch näherbringen zu dürfen.

Lass uns eintauchen in die Welt des *Human Design*!

Überblick über die Veränderungen der Welt aus der *Human-Design*-Perspektive bis zum Jahr 2027:

Woher wir kommen …	**Wohin wir gehen …**
Macht	Bewusstheit
Überleben	Erleben
strategisch	flexibel reagierend (rezeptiv)
autoritär bestimmend	empathisch einbeziehend
Intelligenz des Einzelnen	kollektive Intelligenz
Wettbewerb	Kooperation
Abgrenzung	Integration
Angst/Schuld	Freude/Sinn
angepasst	authentisch
gestresst	gelassen
Yang	Yin

Wie und wo erstelle ich meine Körpergrafik?

Um deine Körpergrafik (*Life Chart*) zu erstellen, benötigst du folgende Daten:

- dein Geburtsdatum (Tag, Monat, Jahr),
- dein Geburtsort und
- deine Geburtszeit.

Wenn du nicht weißt, um wie viel Uhr du geboren wurdest, kannst du die ungefähre Tageszeit verwenden. Kennst du auch diese nicht, gibt es noch einen weiteren Trick:

- Du erstellst jeweils eine Körpergrafik mit den Uhrzeiten 6 Uhr morgens, 13 Uhr mittags und 19 Uhr abends.
- Prüfe, ob die Körpergrafiken stark voneinander abweichen. Ist das der Fall, kannst du zwei Körpergrafiken als Basis für deine Analyse nutzen.
- Bald wirst du herausfinden, welche der Körpergrafiken die „richtige" ist.

Es gibt verschiedene Anbieter, mit denen du deine ***Human-Design-Körpergrafik*** kostenlos erstellen kannst. Wähle einfach eine Website aus und gib dort deine Geburtsdaten ein:

www.stephanie-korn.com/dein-human-design-erste-schritte

www.jovianarchive.com/get_your_chart
www.humandesignservices.de/cms/index.php/ravechart
www.mybodygraph.com/freebodygraph

Elemente der Körpergrafik kurz erklärt

Deine Körpergrafik sieht vermutlich auf den ersten Blick sehr vielschichtig und kompliziert aus. Lass uns Schritt für Schritt ein wenig Licht ins Dunkel bringen und die einzelnen Elemente näher beleuchten. Deine Grafik besitzt verschiedene Deutungsebenen.

Dazu gehören:

- der Typus (dein Energiewesen),
- das Profil (dein Charakterwesen),
- die Zentren, die auch die Hauptrolle in unserem Kartenset spielen (definiert oder nicht definiert), die die Themenbereiche deines Lebens repräsentieren,
- die Tore (deine Potenziale) und
- die Kanäle (deine Talente).

Übersicht der Deutungsebenen

Human Design Typus	So interagierst du mit anderen
Profil	So entdeckst du die Welt
Autorität	Deine Entscheidungsfindung
Definition	Dein Energiefluss
Zentren	Deine Einzigartigkeit und Weisheiten – wirkend vs. wahrnehmend in Bezug auf die 9 Themenbereiche des Lebens
Tore und Kanäle	Die Energien, die dich unverwechselbar machen
Inkarnationskreuz	Deine Lebensaufgabe
Nicht-Selbst	Das, was du fühlst, wenn du nicht du bist

Die Körpergrafik

Aufbau & Elemente

Generator	Typus
Reagieren	Strategie
Sakral	Autorität
5 / 2	Profil

unbewusst (Tor . Linie)	Planeten	Bewusst (Tor . Linie)
48.2	☉	58.5
21.2	⊕	52.5
8.5	☊	8.3
14.5	☋	14.3
60.5	☾	17.4
18.2	☿	5.6
44.3	♀	49.6
10.1	♂	55.4
58.2	♃	61.1
1.2	♄	14.1
9.5	♅	5.5
10.1	♆	10.4
50.6	♇	28.3

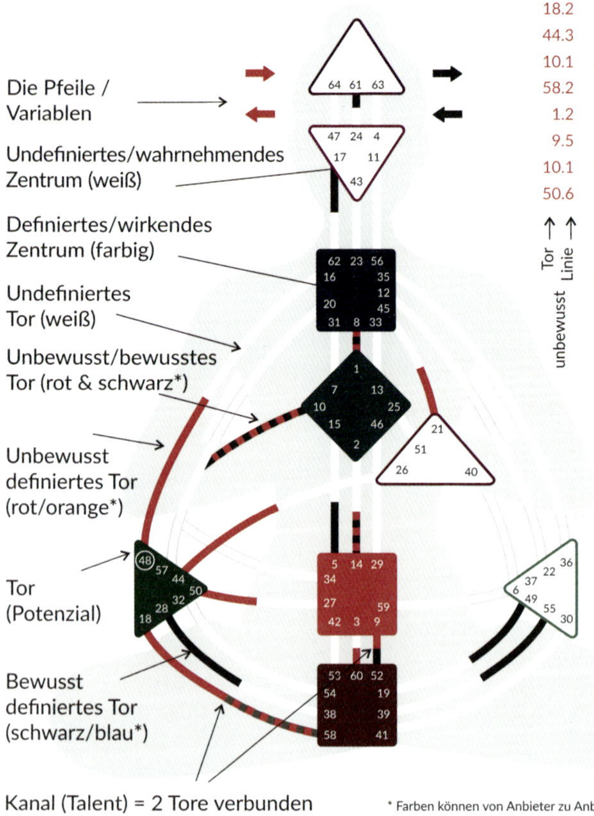

* Farben können von Anbieter zu Anbieter variieren

Die 5 Human-Design-Typen | Wie das Leben für dich funktioniert

Im *Human Design* gibt es insgesamt fünf Typen. Jeder Mensch gehört zu einem dieser Typen.

Diese werden nochmal in Energie- und Nicht-Energie-Typen untergliedert.

Energie-Typen sind:

- Generator:innen,
- manifestierende Generator:innen und
- Manifestor:innen.

Sie können aus sich selbst heraus Energie erzeugen und bereitstellen für Projekte und Tätigkeiten. Die Manifestor:innen setzen diese allerdings nur über selektive Impulse ein, nicht konstant.

Nicht-Energie-Typen – auch: Wahrnehmungstypen – sind

- Projektor:innen und
- Reflektor:innen.

Sie nehmen als „Energiemanager" die Energie anderer *Human Design* Typen wahr und können sie lenken. Energie- und Nicht-Energie-Typen dürfen also in einer wertschätzenden Partnerschaft füreinander da sein.
Jedem Human-Design-Typen wird eine Strategie zugeordnet. Diese gibt Informationen darüber, wie deine Entscheidungen getroffen und Handlungen in die Wege geleitet werden sollen. Im *Human Design* geht es um deine Entscheidung aus deinem eigenen Körpergefühl heraus. Sie wird im *Human Design* als Autorität bezeichnet.

Diese wird immer in Verbindung mit deiner spezifischen, typeneigenen Strategie gelebt. Zwar gibt es Typen, bei denen mehrere Autoritäten möglich sind, jedoch besitzt jeder Mensch nur eine Entscheidungs-Autorität. Handelst du auf der Grundlage deiner Autorität und mit deiner Strategie, triffst du für dich nachhaltige und gesunde Lebensentscheidungen.

Generator:in

Strategie: auf einen Impuls im Außen reagieren

Keywords: Freude - Spaß - Gemeinschaft - Offenheit - Abgrenzung schwierig - warten - reagieren - Frustration - sozial - Prozesse - der Weg ist das Ziel - Qualität des Miteinander - Liebe zur Menschheit - flexibel - anpassungsfähig - mehr Termine - viele Freund:innen - unterstützend - freundlich - kommunikativ - anziehend - juicy – schwungvoll - reaktionsfreudig - unkompliziert - hilfsbereit – Erbauer:in – Schöpfer:in - Umsetzungskraft - Befriedigung

Zwei Autoritäten möglich:

1. Emotional-Zentrum (Solarplexus)

- Auf einen Impuls im Außen mehrfach reagieren, die eigene Gefühlswelt über einen Zeitraum beobachten und entscheiden, sobald die Emotionen geklärt sind; du solltest keine schnellen oder spontanen Entscheidungen im Moment treffen

oder 2. Lebenskraft-Zentrum (Sakral)

- Unmittelbar auf einen Impuls im Moment reagieren und hineinfühlen, ob der Impuls/deine Reaktion deine eigene Lebenskraft nährt und du Energie dafür hast, das zu tun

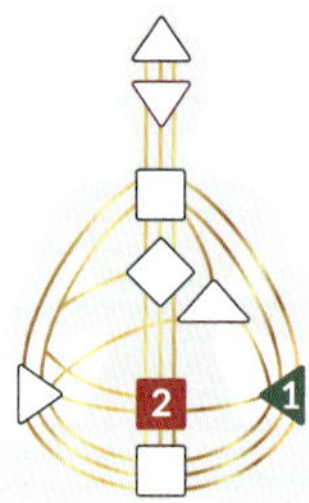

Aura: offen, fluffy, umhüllend, erreichbar
Licht: tiefe Freude/Spaß/Befriedigung erfahren aus lustvollen Schaffensprozessen mit anderen
Schatten: Stecken bleiben in Prozessen und Frustration
Rolle im Kollektiv: Erbauer:in der Welt durch Umsetzen

Erfüllung finden Generator:innen (ca. 37 % der Menschheit) im gemeinsamen Gestalten. Sie haben eine große Lebens- und Schaffenskraft, weshalb sie sich manchmal ein wenig übernehmen. Generator:innen dürfen daher lernen, „Nein" zu sagen und sich abzugrenzen. Generator:innen stehen für die Liebe zum Menschen und zum Extremen. Daher gelten sie als aufgeschlossen, freundlich und kommunikativ. Sie sind aktiv und genießen das Miteinander.

Manifestierende:r Generator:in

Strategie: auf einen Impuls im Außen reagieren

Keywords:
Auswirkung - Ergebnisse - Starten und Beenden - NEIN sagen müssen und können - Ungeduld - Vielseitigkeit - sehr energetisch - abwechslungsreich - Freude - Drive - High Energy - Spezialisierung - ausprobieren - Prozesse antreiben - beschäftigt sein - mitreißend - kraftvoll - aktions- und leistungsorientiert - autark - präsent - dominant - selbstbewusst - unruhig - Befriedigung aus Leistung

Zwei Autoritäten möglich: (siehe Typ Generator:in)
1. Emotional-Zentrum (Solarplexus) oder
2. Lebenskraft-Zentrum (Sakral)

Aura: offen, fluffy, umhüllend, nicht immer erreichbar, wenn mit etwas beschäftigt
Licht: Freude, Spaß und Befriedigung aus den eigenen Schaffensprozessen und deren Ergebnissen erfahren
Schatten: Frustration - zu sehr beschäftigt sein, ohne die eigene Lebensenergie in Themen/Menschen zu investieren, die sowohl Freude als auch Ergebnisse zu Tage bringen
Rolle im Kollektiv: Umsetzungsprozesse katalysieren und antreiben

Wie die Generator:innen besitzen auch die manifestierenden Generator:innen (ca. 33 %) eine sehr offene, umhüllende Aura – sofern sie gerade für andere oder etwas empfänglich sind. Sie möchten handeln, aktiv sein und kooperieren – wollen dabei aber auch ein Ergebnis erzielen. Auf diesem Weg möchten sie nicht gestört werden, schließlich sind sie hier, um etwas auf der Welt zu hinterlassen und sich nicht in Prozessen zu verlieren.

Wie der Name schon verrät, besitzen sie gleichzeitig generative, umsetzende als auch manifestierende, d.h. ergebniserzeugende Anteile in sich. Es entsteht ein starker Wunsch nach einer leistungsorientierten Umsetzung von Themen, die ihnen Freude bereiten. Sie können viel bewegen und wirken zumeist selbstbewusst, mitreißend und sehr energetisch, verfügen allerdings über nicht so viel Geduld und Müßiggang wie reine Generator:innen. Deswegen passiert es ihnen häufiger, dass sie angefangene Projekte nicht beenden, was sich allerdings auch auf ihre Abgrenzungsfähigkeit zurückführen lässt. Dafür kommt ihnen ein „Nein" leichter über die Lippen als Generator:innen.

Manifestor:in

Strategie: diejenigen informieren, welche in die eigenen Handlungen involviert sind

Keywords:
Impact - Wirkung - Auswirkung - Wut - Frieden - innerer Frieden - alleine - kraftvoll - Sprint - Pause - Selbstliebe - Bedürfnisse der Gemeinschaft beschützen/fördern - Abstand - Freiheit - Unabhängigkeit - schnell - Ideen - Impulse - dienen - führen - Trauer - unnahbar - unberechenbar - friedfertig - respekteinflößend - geschlossen - unerreichbar - unbequem - beherrscht - kontrolliert - ruhig - unauffällig bis wirkungsvoll - informieren

Drei Autoritäten sind möglich:

1. Emotional-Zentrum (Solarplexus)
   - Gefühle beobachten und Impulse setzen, wenn Emotionen geklärt sind
2. Intuitions-Zentrum (Milz)
   - Schnell und instinktiv wissen, was im Moment richtig ist

oder eher selten: 3. Willenskraft-Zentrum (Ego)
   - das eigene Wollen als Kompass für die Durchsetzung auf materieller Ebene nehmen

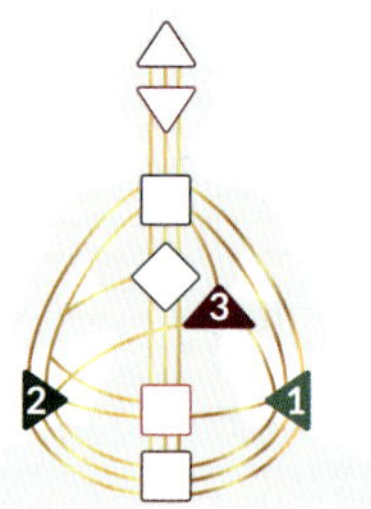

Aura: schwer zugänglich, unberechenbar, abweisend, geschlossen, schwer für andere zu erreichen bzw. zu durchschauen
Licht: neue Impulse von sich aus in die Welt tragen und damit ein Bedürfnis stärken, das selbst und auch im Umfeld zu mehr (innerem) Frieden, Respekt und Unabhängigkeit führt
Schatten: Wut zeigt sich aus Traurigkeit vor erfahrener Ablehnung und wenn sich jemand in den Weg der Initiation eines Impulses stellt.
Rolle im Kollektiv: beschützen des Friedens in einem System. Balance und Ausgleich in einer Sache durch Zerstörung und Wiederherstellung von Frieden durch einen neuen Impuls.

Die Manifestor:innen (ca. 8 % der Menschheit) sind eher Einzelgänger:innen, denen es primär um die Sache geht. Daher haben sie oft keinen rechten Bezug zu sich selbst und sprechen lieber über ihre Visionen und Ideen sowie die Welt an sich. Sie verkörpern den Wandel und setzen Impulse. Das soziale Miteinander stellt eine Herausforde-

rung für sie dar, da ihre Initial-Energie für Veränderungen nicht immer auf uneingeschränkte Gegenliebe stößt und es ihnen schwerfällt, andere Menschen gut „lesen“ zu können.
Obwohl sie gern den Wandel anstoßen, fehlen ihnen oftmals die Kraft und Lust, ihre Projekte zu beenden. Deswegen sind sie auf Verbündete angewiesen, die an ihre Idee glauben, sich für sie engagieren und an ihrer Realisierung mitwirken.

Haben Manifestor:innen das Gefühl, nicht machen zu dürfen, was sie sich in den Kopf gesetzt haben, steigt Wut in ihnen auf, die durchaus sehr konstruktive Aspekte mit sich bringt, aber auch sehr zerstörerisch wirken kann. Hier dürfen sie lernen, diese auf „gesunde“ Weise auszudrücken und nicht zu unterdrücken. Im Grunde sind sie hier, um sich selbst lieben zu lernen, da sie sich für so vieles in der Welt interessieren, nur oft am wenigsten für sich selbst. Doch der Weg dahin darf erst gefunden und dann Schritt für Schritt gegangen werden.

Projektor:in:

Strategie: auf die Einladung warten

Keywords:
Wahrnehmung - Zurückhaltung - Demut - Weisheit - Fragen statt Sagen - Wertschätzung - Anerkennung - Optimismus - Chancen - Gelegenheiten - Bitterkeit - Erfolg - andere supporten - Genuss - Koordination - Weitsicht - managen - Ruhe - Pausen - dienen - führen - warten - Einladung - Leichtigkeit - fokussierend - ein Gegenüber scannend & absorbierend - Systemversteher - Interaktion gestaltend - Coach – Berater:in - empathische Guidance - einfühlend - belehrend - ressourcenorientiert - mentale Wachheit - ruhig - gesprächig - aufmerksam

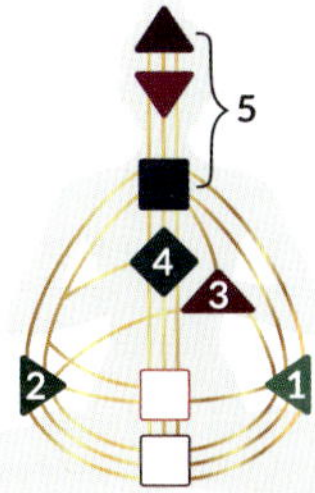

Fünf mögliche Autoritäten:

1. Emotional-Zentrum (Solarplexus)
   - Mehrfach anerkannt und eingeladen werden zu einer Entscheidung und dabei die eigene Gefühlswelt abwarten, um zu emotionaler Klarheit zu gelangen
2. Intuitions-Zentrum (Milz)
   - Für dich ist es wichtig, dass Menschen in deinem Umfeld dich einladen, deine Perspektive

auf die Welt/eine Person zu teilen. Oder ebenso dich einladen bspw. in einen Beruf/ Ort/ Freundschaft/ Beziehung. Für dich ist das immer dann korrekt, wenn du instinktiv danach entscheidest, wer oder was dir auf der Überlebensebene guttut und dein Wohlbefinden sowie deine Zukunft stärkt. Darüber kannst und solltest du nicht nachdenken. Es zeigt sich in den spontanen Momenten.

3. Willenskraft-Zentrum (Ego)
   - Anerkennung für die eigene Willensstärke führt zu einer Einladung sich auf materieller-spiritueller Ebene auf ganz einzigartige Weise für den eigenen Herzensweg durchzusetzen
4. Identitäts-Zentrum (G)
   - Das (mit dir und anderen) Sprechen bahnt dir den Weg in deine Wahrheit und klärt Entscheidungen
5. Ajna/Verstandes-Zentrum (äußere Autorität)
   - Du nutzt andere als Sounding Board für deine Entscheidungen. Du brauchst keinen Rat, nur Menschen, die dir den Raum halten können.
   - Es ist sehr wichtig, dass du verstehst, wie andere dich durch deine nicht definierten Zentren beeinflussen – das wird zu deiner inneren Autorität.
   - Das Verständnis um deine Wandelbarkeit. Wenn du das Design anderer Menschen studierst, erwachst du immer auch zu dir selbst, das ist deine Strategie. Die Erforschung und Abgrenzung zu den anderen. Das hilft dir bei Entscheidungen.

Aura: auf ein System/Gegenüber ganz einlassen, fokussieren und viel Wissen um einen anderen Menschen absorbieren
Licht: die eigene Wahrnehmungsgabe und Weitsicht werden durch das Umfeld bemerkt, zutiefst anerkannt und wertgeschätzt
Schatten: die eigenen lenkenden Beiträge werden im Umfeld weder bemerkt noch wertgeschätzt, und das führt zu Verbitterung
Rolle im Kollektiv: Umsetzungsprozesse empathisch koordinieren (mehr fragen, statt sagen)

Projektor:innen lassen sich nicht in der Kürze beschreiben. Dafür gibt es zu viele Varianten, so dass es für diese Menschen (ca. 21 %) oft eine große Herausforderung darstellt, sich in dieser Welt zu verorten und zurechtzufinden. Sie gehören mit den Reflektor:innen zusammen zu den Nicht-Energie-Typen. Anzunehmen, sie würden aufgrund von fehlender Energie nichts erreichen können, wäre zu stark von gesellschaftlicher Leistungsorientierung eingefärbt. Tatsächlich haben Projektor:innen einfach eine andere, sehr wesentliche Aufgabe inne, nämlich die, andere in ihr Potenzial zu führen. Dabei handeln sie sehr

diplomatisch und nutzen ihre Fähigkeit, dem zuvorzukommen, was passieren wird, um galant die Zukunft zu beeinflussen.
Häufig versuchen Projektor:innen ein Leben lang, die Tatsache, dass sie nicht konstant über Energie verfügen, zu kompensieren. Doch eigentlich brauchen sie diese Energie nicht, da sie Probleme vor allem über ihre emotionale Intelligenz lösen können. Diese Intelligenz bezieht sich vor allem auf die Fähigkeit, die Energie der Generator:innen wahrzunehmen und zu lenken.

Reflektor:in

Strategie: Wahrnehmung urteilsfrei teilen und Feedback beobachten

Keywords:
Überblick - große Zusammenhänge - altklug - selten - milde mit den Menschen sein - Langsamkeit - Verbundenheit - Chamäleon - Überraschung - vorurteilsfrei - wertfrei - objektiv - Alleinsein - Freigeist - Maßstab - Mittelpunkt - Spiegel - beobachten - Wertung - Ruhe - Förderung von außen - dienen - führen - Echtheit - Authentizität - naiv - unschuldig - Wahrheit - resistent - diffus - unpersönlich - bezeugen - immer anders - besondere Beziehung zu Kindern/Tieren/ Natur - Orakel - Seismograph - keine fixe Rolle

Autorität:
Äußere Autorität | Mondzyklus

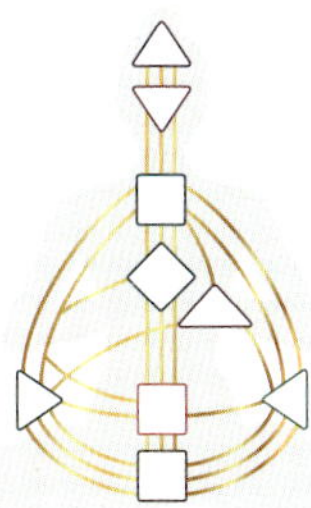

Aura: wird auch als Telflon-Aura bezeichnet. Energien der Welt legen sich auf den Energiemantel und perlen auch wieder ab; resistent
Licht: das Leben und die Menschen überraschen dich mit authentischen/wahrhaften Gedanken / Perspektiven/ Verhaltensweisen; du liebst die Welt und die Menschen, auch wenn sie fehlbar und unperfekt sind
Schatten: das nicht Authentische in der Welt ist präsenter als das Unschuldige-Freie, und du bist darüber enttäuscht
Rolle im Kollektiv: Beobachter:in / Wegweiser:in / eine Art Seismograph für das Weltgeschehen

Nur 1 % der Weltbevölkerung gehören zum Typus Reflektor:in. Da die Zeiträume, in denen ein:e Reflektor:in geboren werden kann, sehr kurz sind, ist die exakte Geburtszeit bei der Erstellung der Körpergrafik sehr wichtig. Reflektor:innen neigen dazu, sich missverstanden zu fühlen. Deswegen finden sie sich in den Beschreibungen zu ihrem Typus häufig nicht wieder. Es kann daher sehr heilsam für sie sein, sich mit anderen Reflektor:innen auszutauschen. Reflektor:innen spiegeln ihre Mitmenschen, weshalb ihr Umkreis auch das Wichtigste für sie ist. Diese Orientierung ergibt sich aus der starken, permanenten Beeinflussung (Konditionierung) durch das jeweilige Umfeld.

Wie Manifestor:innen und Projektor:innen sind Reflektor:innen nicht für sich selbst auf der Welt, sondern um (manifestierende) Generator:innen in dem, was sie manifestieren, zu unterstützen. Sie wirken als Auditor:innen und Revisor:innen, die das Ergebnis bezeugen und Soll-Ist-Abweichungen vom Großen Ganzen kenntlich machen. Sie reflektierten also das, was andere materialisieren. Hierbei dürfen sie lernen, ihre Wahrnehmungen urteilsfrei und objektiv zu kommunizieren.

Die 12 Profile / Charakterwesen

Grundsätzlich kann jeder Human-Design-Typus jedes der 12 Profile tragen. In Kombination mit dem Typus lassen sich dann folgende Fragen beantworten:

- Wie bist du gebaut und wie möchtest du behandelt werden?
- Wie siehst du dich und die Welt?
- Was brauchst und schätzt du?
- Welche Ambivalenz trägst du in dir, um Entwicklungen in deinem Leben zu realisieren?

Es unterscheiden sich drei Kategorien von Charakterwesen bzw. den Profilen. Es gibt personale, transpersonale und ein fixiertes Profil. Diese Kategorisierung zeigt dir auf, wie du deine Ausrichtung fürs Leben verstehen kannst.

- Personal: Fokus auf die eigene Person und Innenwelt
- Transpersonal: Fokus auf das Gegenüber
- Fixiert: Fokus auf die Unterscheidung zwischen dem „Ich" und dem „Ihr"

Profil (Charakterwesen) 1/3

Kategorie: personal/persönliche Lebensbestimmung (sich selbst dienen)
Thema: Der Umgang mit Versuch & Irrtum schafft die Grundlage für Erfolg oder Scheitern
Mit dem Profil 1/3 machst du deine Erfahrungen durch dein eigenes Studium und eigene Analyse. Wird dir von außen gesagt, dass etwas nicht ginge, lässt du dich nicht davon abbringen, es selbst zu versuchen – auch mehrfach. So probierst du gern Neues aus.

Profil (Charakterwesen) 1/4 (selten)

Kategorie: personal/persönliche Lebensbestimmung (sich selbst dienen)
Thema: Sicherheit als Lebensgrundlage | Misstrauen vs. Vertrauen
Als Person mit dem Profil 1/4 sind dir Vertrauen und Sicherheit besonders wichtig. Du bist anderen gegenüber sehr offen und verfügst über ausgeprägte Kommunikationsfähigkeiten. Um Vertrauen aufzubauen, prüfst du dein Gegenüber so lange, bis du von seiner Kompetenz überzeugt bist. Ist dieses Vertrauen einmal aufgebaut, ist es unerschütterlich und gibt dir Sicherheit.

Profil (Charakterwesen) 2/4

Kategorie: personal/persönliche Lebensbestimmung (sich selbst dienen)
Thema: Anspruch und Selektion schaffen Vertrauen
Mit dem Profil 2/4 gehst du mit deinem Gegenüber zunächst in Verbindung, ziehst dich dann zurück und wiederholst dies so lange, bis du Vertrauen gefasst hast. Dann nutzt du deine natürlichen Begabungen, um aus den Grundlagen des anderen etwas Spezielles zu schaffen.

Profil (Charakterwesen) 2/5 (selten)

Kategorie: personal/persönliche Lebensbestimmung (sich selbst dienen)
Thema: aus Bewährtem etwas Spezielles machen
Du nimmst als Person mit dem Profil 2/5 wirkungsvolle Impulse durch Fremde und Medien auf und prüfst dabei Bewährtes. Darauf-

hin bringst du besondere Lösungen hervor oder perfektionierst das bereits Vorhandene.

Profil (Charakterwesen) 3/5 (selten)

Kategorie: personal/persönliche Lebensbestimmung (sich selbst dienen)
Thema: eigene Experimente, statt Bekanntes übernehmen
Hast du das Profil 3/5, probierst du in deinem Leben viel aus – manchmal auch unfreiwillig. Doch du musst selbst herausfinden, was funktioniert und was nicht. Dadurch schaffst du einzigartige Lösungen und motivierst andere zu eigenen Experimenten.

Profil (Charakterwesen) 3/6

Kategorie: personal/persönliche Lebensbestimmung (sich selbst dienen)
Thema: Offenheit und Experimentierfreude
Mit dem Profil 3/6 holst du dir massenhaft Informationen und Anregungen aus der Welt, um das Beste für dich herauszufiltern und damit zu experimentieren. So inspirierst du Menschen, ebenfalls ihren individuellen Weg zu gehen.

Profil (Charakterwesen) 4/6

Kategorie: personal/persönliche Lebensbestimmung (sich selbst dienen)
Thema: Austausch und Netzwerk
Mit dem Profil 4/6 bist du offen für Neues, worüber du mit anderen in Austausch gehst. Dabei bringst du visionäre Gedanken und Ideen in deine vertrauten Netzwerke. Mit deinen Visionen wirst du im persönlichen Kontakt sehr einflussreich.

Profil (Charakterwesen) 4/1

Kategorie: fixiert/fokussierte und sehr festgelegte Lebensbestimmung
Thema: recherchieren, lernen, vermitteln
Du bist als Person mit dem Profil 4/1 nicht dazu gemacht, dich zu verändern. Stattdessen bist du in deiner Meinung und deinem Wesen auf etwas/jemanden festgelegt. Du recherchierst intensiv und lernst die Grundlagen selbst, um sie dann anderen zu vermitteln.

Profil (Charakterwesen) 5/1

Kategorie: transpersonal/über das eigene Leben hinausgehende Bestimmung (dem anderen dienen)
Thema: Studium und Verbreitung von Lösungen
Mit deinem Profil 5/1 erforschst du die Grundlagen, um sie dann für das Kollektiv allgemeingültig zu machen und zu verbreiten. Dabei hast du aber Angst vor dem skeptischen Urteil der anderen, weil du dich mit deinem Anspruch an Allgemeingültigkeit angreifbar machen könntest.

Profil (Charakterwesen) 5/2

Kategorie: transpersonal/über das eigene Leben hinausgehende Bestimmung (dem anderen dienen)
Thema: praktische Lösungen in ausgewählten (Lebens-/Themen-) Bereichen
Du bist als Profil 5/2 wählerisch mit dem, was du zu dir durchdringen lässt. Aus dem, was du auswählst, schaffst du eine praktische Lösung. Diese bietest du jedoch nur in einem sehr speziellen Bereich an.

Profil (Charakterwesen) 6/2

Kategorie: transpersonal/über das eigene Leben hinausgehende Bestimmung (dem anderen dienen)
Thema: transformierende, individuelle Visionen und Wege realisieren
Du machst als Person mit dem Profil 6/2 die Dinge auf deine Weise. Dadurch schaffst du etwas Transformierendes und zeigst es der Welt, indem du es verkörperst. Somit sprengst du immer wieder die Grenzen dessen, was als normal gilt.

Profil (Charakterwesen) 6/3

Kategorie: transpersonal/über das eigene Leben hinausgehende Bestimmung (dem anderen dienen)
Thema: persönlicher Innovations-Prozess von Versuch und Irrtum
Mit deinem Profil 6/3 willst du dorthin, wo noch nie jemand vor dir war. Dafür musst du nicht wissen, was geht und was nicht geht. Denn auf deine Weise hat es noch nie jemand versucht. So trägst du als Vorbild Innovation in die Welt.

Die 9 Zentren / Themenbereiche des Lebens

Die Körpergrafik eines jeden Menschen zeigt neun Zentren. Du erkennst sie an den Drei- und Vierecken. Jedes Zentrum fokussiert sich auf einen spezifischen Themenbereich des Lebens.

Die Zentren können jeweils weiß (nicht definiert) oder farbig (definiert) erscheinen. Aus dieser Information erhältst du praktische Aussagen zum jeweiligen Themenbereich in Bezug auf dich selbst.
Ein **definiertes Zentrum** bedeutet eine festgelegte, fixierte Funktionsweise und eine gewisse Spezialisierung. Im Rahmen der Möglichkeiten „von A bis Z" stehen dann nicht alle Buchstaben (d.h. Tore) zur Verfügung, sondern vielleicht nur die „von A bis D" – dort fokussiert sich dann die Energie. Hast du ein definiertes Zentrum, prägst du dein Umfeld energetisch und bist für deine Mitmenschen ein:e „Lehrer:in" für dieses Thema. Ein definiertes Zentrum gibt dir zudem die Möglichkeit, auf das zu schauen, was in dir **bewusst** oder **unbewusst** an Themenbereichen angelegt wurde.

Ein **nicht definiertes Zentrum** zeigt dir dein theoretisches Potenzial an – bezogen auf das jeweilige Thema. Es eröffnet dir eine große Vielfalt an Möglichkeiten in einem selektiven Themenbereich (Zentrum) und der daran angeknüpften Tore. Damit bist du in der Lage, von der Welt (und dem damit verbundenen Thema) des anderen als „Schüler:in" zu lernen und im Laufe deines Lebens Weisheit zu erlangen.

Voraussetzung dafür ist, dass du urteilsfrei an dieses Thema herangehst. Hier bist du für dich selbst (und andere) im besten Sinne „flexibel" und besitzt eine hohe und tiefe Wahrnehmungsfähigkeit für die entsprechenden Themen-Areale. Gleichzeitig besteht aber auch die Gefahr, sich von den äußeren Einflüssen (der Konditionierung) fort- bzw. mitreißen zu lassen. Sei dir daher bewusst, dass du in den Themen deiner nicht definierten Zentren in die Beobachtung gehen darfst und dich vom (durchaus verständlichen) Wunsch nach Sicherheit, Stabilität und Verlässlichkeit im entsprechenden Bereich verabschieden solltest.

Die Zentren

Reflexionsfrage an das offene, nicht definierte Zentrum.
Die jeweiligen Prozentzahlen geben an, wie viele Menschen dieses Zentrum nicht definiert, also offen, haben.

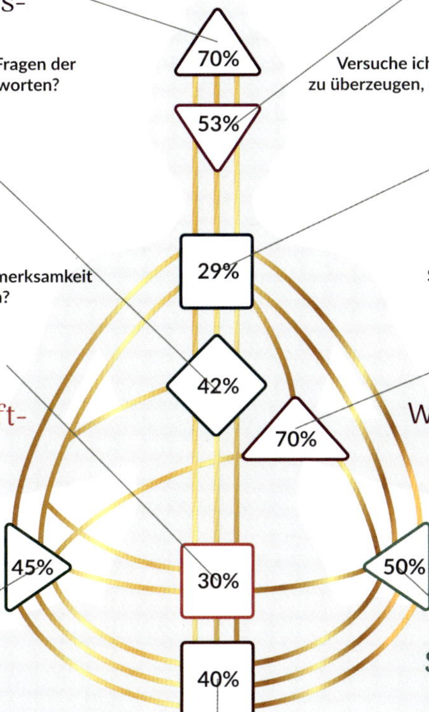

Krone

Inspirations-zentrum

Versuche ich, die Fragen der Anderen zu beantworten?

Ajna

Verstands-zentrum

Versuche ich, die Anderen davon zu überzeugen, dass ich Recht habe?

G / Selbst

Identitäts-zentrum

Versuche ich, Aufmerksamkeit auf mich zu ziehen?

Kehle

Ausdrucks-zentrum

Suche ich nach Liebe und Orientierung?

Sakral

Lebenskraft-zentrum

Weiß ich, wann genug ist?

Ego

Willenskraft-zentrum

Glaube ich, etwas beweisen zu müssen?

Milz

Intuitions-zentrum

Halte ich an Dingen / Menschen fest, auch wenn sie nicht gut für mich sind?

Solarplexus

Emotional-zentrum

Vermeide ich Konflikte und Konfrontationen?

Wurzel

Antriebs-zentrum

Bin ich schnell in Eile & unter Druck, Sachen zu erledigen?

Bei der Betrachtung definierter und nicht definierter Zentren werden drei verschiedene Kategorien unterschieden:

Druck-Zentren (Wurzel- und Inspirationszentrum)

- Druck, zu denken oder auf Ideen von außen gemäß der eigenen Strategie zu reagieren
- sich selbst Druck (Stress) machen oder andere unter Druck setzen (z. B. durch Deadlines, Tempo beim Autofahren)

Motor-Zentren (Wurzel-, Lebenskraft-, Emotional- und Egozentrum)

- deine Energiequellen
- wirken energieschenkend auf andere

Zentren der Bewusstheit (Intuitions-, Emotional- und Verstandeszentrum)

- Bewusstheit über die emotionale Bedeutsamkeit und Botschaft der gefühlten Emotion bzw. des instinktiven Handelns aus dem Intuitionszentrum heraus
- „Die Dinge und deren Ausgang als Ahnung kommen sehen" – die Bewusstheit führt dazu, Erfahrungen/Erlebnisse antizipieren zu können. Aus den gesammelten Eindrücken, die einen Menschen erreichen - durch entweder das eigene Erleben oder das Beobachten des persönlichen Umfelds oder kollektiven Weltgeschehens. Diese Erlebnisse und Wahrnehmungen dienen als Filter für zukünftige Entscheidungsprozesse.
- Tiefe Gewissheit aus der Bewusstheit lässt sich zumeist erst im Nachgang kognitiv mit „Beweisen" belegen.

Die 64 Tore / Potenziale

Die 64 Tore wurden aus den 64 Hexagrammen des I-Ging hergeleitet und verdeutlichen dir all deine Möglichkeiten bzw. **Potenziale.** Du hast 26 Tor-Aktivierungen in deiner Körpergrafik. Davon 13 rechts in der Säule deiner Körpergrafik, die etwas über deine Persönlichkeit aussagen, und 13 links in der Säule deiner Körpergrafik, die etwas über dein Unbewusstes, deinen Körper sowie deine Ausstrahlung aussagen. Allgemein kennzeichnen sie also deine **bewussten und unbewussten Eigenschaften** sowie charakterlichen Tendenzen. Es gibt „wartende" (hängende) Potenziale an deinen nicht definierten Zentren sowie „immer verfügbare" (definierte) Potenziale (an deinen farbigen/definierten Zentren).

Wenn du deine Körpergrafik mit der eines anderen Menschen vergleichst, können die Tore Unterschiede und Gemeinsamkeiten in eurem Wesen sowie mögliche Dynamiken in eurer Interaktion verdeutlichen. Wenn ein „hängendes" Tor (siehe Absatz oben) sich bei dir an einem nicht definierten Zentrum befindet, dann verbindet es sich nicht mit seinem (harmonisch?) gegenüberliegenden Tor zu einem Kanal (Talent). Stattdessen wartet es auf andere Menschen, deren entsprechendes Zentrum und gegenüberliegendes Tor definiert ist, damit dieses Potenzial aktiv werden kann.

Definierte Tore an definierten Zentren sind immer aktiv. Sie unterstreichen und ergänzen als zusätzliche Qualität die Kraft deines Talents bzw. Kanals, der mit dem entsprechenden Zentrum verbunden ist.

Wenn du ein einzelnes aktiviertes Tor besitzt, blickst du sehnsuchtsvoll auf das gegenüberliegende Tor und versuchst, diese Qualität zu bekommen oder zu leben. Das kann immer wieder zu Herausforderungen für dich führen.

Die 36 Kanäle/Talente

Was zeichnet dich eigentlich aus? Welche Gaben und Talente besitzt du, mit denen du dein und das Leben anderer verfeinerst und bereicherst?
Ein Kanal ist die Verbindung zwischen zwei gegenüberliegenden aktivierten Toren. Du kannst dir die Kanäle als Autobahnen vorstellen, auf denen die Energie zwischen zwei Zentren (Themenbereiche) hin und her „fährt". Damit stellen die Kanäle unsere Talente dar und zeigen dir, was in dir – für dich selbst und auch für andere – verlässlich erlebbar ist an Talenten und Gaben und was davon kultiviert werden will. Jedes Talent kann in bis zu 5 Modi ausgeprägt sein.

Was heißt das? Ob dir dieses Talent kognitiv bewusst und demnach nachvollziehbar/reflektierbar ist, hängt davon ab, ob die Tore, die dieses Talent bilden, bewusst oder unbewusst aktiviert sind. Somit können wir manche Talente unserer Körpergrafik bewusst besser nachvollziehen und manche eher durch Feedback von außen besser kennenlernen und als Talent in uns durch Referenzerfahrungen (aner-) kennen.

Es gibt im *Human Design* 36 Talente (Kanäle), die unterschiedliche Schwerpunkte haben. Sie dienen entweder der ICH, WIR oder SACH-Erfüllung in dieser Welt.

Jeder Mensch – außer der *Human Design* Typus Reflektor:in – hat mindestens ein Talent (Kanal) aus diesem Spektrum der 36 möglichen. Allerdings: Jeder Mensch besitzt 100 % Talent. Nämlich das oder die Talente, die du zur Erfüllung genau deines Lebenszwecks benötigst. Und genau das ist das Großartige daran, denn wir alle haben genau die Talente in uns angelegt, die für uns gemacht sind.

Wie du (d)eine Körpergrafik liest

Das ist wie bei einem großen Puzzle. Zunächst sichtest du alle Puzzleteile, dann verschaffst du dir einen Überblick, um dann ganz zielgerichtet ein Puzzleteil an das nächste zu fügen.

Human Design ist immer eine Kombinationsleistung. Die Puzzleteile ergeben nur zusammen am meisten Sinn. Hier entsteht der individuelle Mehrwert.

Die vier relevantesten Ebenen der Deutung sind definitiv die Kombination aus ...

- *Human Design* Typus
  +
- dazugehörige Autorität / Strategie
  +
- *Human Design* Profil
  +
- Zentren-Dynamik, d.h. welche Zentren, also Themen sind wirkend (definiert) und welche wahrnehmend (nicht definiert).

Universalität des Elements „Zentrum" - Wie du die Karten verwenden kannst

Für dieses Kartenset greifen wir ein Element der Körpergrafik besonders heraus - die 9 **Zentren,** die **Themenbereiche des Lebens**. Warum? Jeder Mensch hat diese 9 Zentren im *Human Design* - sie einen uns alle. Auch wenn sie entweder wahrnehmend (nicht definiert) oder wirkend (definiert) sind.

Ganz gleich, ob du nun Projektor:in, Reflektor:in, Generator:in, manifestierende:r Generator:in, oder Manifestor:in bist, kannst du mithilfe dieses Kartensets alltäglich Botschaften für dich ziehen. Die gezogene Karte zeigt dir, welcher Lebensbereich gerade im Vordergrund bei dir steht oder beachtet werden oder auch bearbeitet werden darf. Hier

im Buch findest du dann ausführliche Erläuterungen für jeden *Human Design* Typus.
Du kannst die Karten tagtäglich als **Impulskarte** nutzen, um dein *Human Design* Experiment mit wertvollen Inspirationen zu bereichern. Vielleicht möchtest du dich aber noch tiefer und besser kennenlernen? Dann nutze die Karten gerne auch, um **deine Woche zu reflektieren.** Hierzu findest du Vorschläge für Legungen am Ende dieses Buchs.

Die 9 Themenbereiche des Lebens: Steckbriefe

Zentren lehren uns, wie wir zentrale Themen des Menschseins leben. Sind wir als Lehrer:in oder Schüler:in des Themas auf der Welt? Bei definierten Zentren wirken und lehren wir das jeweilige Thema auf eine sehr spezifische Art und Weise in unserem Umfeld und lernen über die Reaktion des Außen unsere Wirkung einzuschätzen, zu integrieren und anzuerkennen. Wohingegen wir bei nicht definierten Zentren zunächst demütig wie ein:e Schüler:in lernen, lernen, lernen und im Laufe des Lebens mit unserer Weisheit und Objektivität die anderen mit unserer Wahrnehmung über das Zentren-Thema bereichern werden.

Auf den nächsten Seiten lernst du die einzelnen Zentren mit ihren jeweiligen Themenbereichen im Detail über kurze Steckbriefe kennen.

Erinnere dich daran:

Die Zentren können entweder definiert/wirkend (in der Körpergrafik farbig dargestellt) oder nicht definiert/wahrnehmend (in der Körpergrafik weiß dargestellt) sein. Je nachdem, über welche Ausprägung du verfügst, profitierst du von anderen Stärken und hast mit anderen Herausforderungen zu tun.

Wurzel/Antriebszentrum

Antriebsquelle (Druck): ja
Energiequelle: ja
Bewusstseinsquelle: nein

Keywords:
Antrieb – Existenzsicherung – Entwicklung – Anspannung/Entspannung – Adrenalin – Geschwindigkeit – Stress – Motor – Druck – Urvertrauen – Yin – Erde – vegetatives Nervensystem – Nebennieren – hormoneller Regelkreislauf

Themen:
- Geschwindigkeit
- existentieller (Lebens-)Druck
- Energiequelle
- (Ur-)Vertrauen
- (physische) Existenz

Organzuordnung:
- Nebennieren
- hormoneller Regelkreislauf
- vegetatives Nervensystem

Funktion und Wunsch:
Im Wurzelzentrum dreht sich alles um den Ausgleich von Spannung und Entspannung. Hier findest du Reserveenergie für besondere Anforderungen – auch, um lebensbedrohliche Situationen zu meistern und die Existenz zu sichern. Wichtig ist dabei, das eigene Tempo zu finden und gehen zu können.

definiert/wirkend:
- Wenn du an der Wurzel definiert bist, kannst du mit großem Druck und stressigen Situationen gut umgehen – solange du in deinem eigenen Tempo bleibst. Dann kannst du den Druck als Energiequelle für dich nutzen und zeigen, wozu du fähig bist. Du kannst auch andere unter Druck setzen. Doch das ist etwas Gutes! Manchmal brauchen wir einfach einen Stups in die richtige Richtung, um voranzukommen.
- Druck von außen magst du selbst aber nicht so gern. Hast du das Gefühl, nicht in deiner Geschwindigkeit sein zu dürfen, wirst du hektisch, genervt und auch schon mal richtig depri. In solchen

Momenten hilft es, dich auf dein eigenes Tempo zurückzubesinnen und aktiv für Entspannung in deinem Alltag zu sorgen.

nicht definiert/wahrnehmend:

- Mit deinem nicht definierten Wurzelzentrum hast du eine große Superkraft: Du nimmst den Stress anderer sehr feinfühlig wahr und kannst sie daran erinnern, lieber mal einen Gang zurückzuschalten. Du möchtest dich selbst von jeglichem Druck befreien. Kommst du dennoch in Stress, weil z.B. eine Deadline näherrückt, hast du keine feste Strategie, um damit umzugehen. Dann kommt Hektik in dir auf, die du auch auf andere überträgst. Hier darfst du dich fragen, ob dieser Druck wirklich notwendig ist. Vielleicht ist der Stress, den du empfindest, gar nicht deiner, sondern der deines Umfelds? Nimm wahr, was andere antreibt, ohne es zu deiner Sache zu machen.

Sakral/Lebenskraftzentrum

Antriebsquelle (Druck): nein
Energiequelle: ja
Bewusstseinsquelle: nein

Keywords:
Lebensenergie – Arbeits- und Schaffenskraft – Kreativität – Sexualität – Motor – Lifeforce – Fruchtbarkeit – Geschlechtsorgane/unterer Bauch – Kreuzbein – unterer Rücken – Zusammensein

Themen:

- Lebenskraft
- Sexualität
- Dienen vs. Führen
- Schaffensprozesse
- Freude

Organzuordnung:

- unterer Darm
- Kreuzbein
- Geschlechtsorgane

Funktion und Wunsch:
Das Lebenskraftzentrum ist das stärkste Motorzentrum und stellt

dir die Energie bereit, die du für deine Produktivität und Kreativität brauchst. Es möchte etwas tun, worauf es anspringt. Hier befindet sich nämlich das berühmt-berüchtigte Bauchgefühl. Daher empfindest du Befriedigung, wenn du diese Energie nutzt. Neben der Produktivität geht es hier auch um Sexualität und in Bewegung sein.

definiert/wirkend:

- Mit deinem definierten Lebenskraftzentrum powerst du dich gern bei den Dingen aus, die dir Freude bereiten. Du brennst geradezu darauf, ein erfüllendes Leben voller Befriedigung zu führen. Dieser Wunsch hat gute Chancen auf Erfüllung, denn du verfügst über einen fast unerschöpflichen Tatendrang und jede Menge Durchhaltevermögen.
- Musst du aber etwas tun, das dir keinen Spaß bringt, fehlt dir die nötige Energie dazu. Das sorgt natürlich für Frustration. Schließlich bist du es eigentlich gewohnt, Dinge anzupacken. Hier kannst du versuchen, in der unliebsamen Aufgabe doch noch etwas zu finden, was du gern tust.

nicht definiert/wahrnehmend:

- Bestimmt kennst du Phasen, in denen du gut ins Tun kommen kannst, und dann hast du wieder Momente, in denen dir die nötige Energie fehlt. Das ist überhaupt nicht schlimm, schließlich kannst du mit deinem nicht definierten Lebenskraftzentrum die Energie nicht so konstant nutzen. Sei dir bewusst, dass du einfach mehr Ruhepausen brauchst und deine Energie schneller verbraucht ist als bei anderen. Ein Vergleich mit den energiegeladenen Menschen mit definiertem Lebenskraftzentrum sorgt nur für Frust. Frage dich stattdessen hin und wieder, ob du noch genug Kraft hast oder mit dem nächsten Schritt deine Grenze überschreiten würdest. Wenn du dann eine Pause brauchst, solltest du sie dir gönnen, um nicht auszubrennen.

Milz/Intuitionszentrum

Antriebsquelle (Druck): nein
Energiequelle: nein
Bewusstseinsquelle: ja

Keywords:
Intuition – Instinkt – Vorsehung – Überleben – Sicherheit – Gesundheit – Wohlbefinden – Spontanität – Bewusstsein – Zukunft – kalt – nüchtern/klar – Immunsystem – Blutreinigung – „Waschmaschine“

Themen:
- Wohlbefinden/Gesundheit
- Bewusstsein fürs Überleben
- Zukunft
- Ängste (oder Korrektur im Leben)
- Naturbezogenheit

Organzuordnung:
- Milz
- Immunsystem

Funktion und Wunsch:
Das Milzzentrum ist der Sitz der Sinne und Instinkte. Als Informationsquelle dient ihm daher vor allem die Ahnung. Darauf basierend trifft es schnelle und spontane Entscheidungen, bei denen es stets um eines geht: das nackte Überleben. Sicherheit und Gesundheit stehen somit an erster Stelle. Eigene wie fremde Gefühle sind eher unwichtig.

definiert/wirkend:
- Du bist in deinem Umfeld als Fels in der Brandung bekannt. Denn mit der Milz-Aktivierung sorgst du für eine sichere Atmosphäre und hast vor (fast) nichts Angst. Zudem sorgen deine ausgeprägten Instinkte dafür, dass du Gefahren weit im Voraus „riechen“ kannst. Wer neben dir schlafen darf, kann sich die Alarmanlage sparen, denn dir entgeht einfach nichts.
- Zwischen deinem Körper und dir gibt es keine Missverständnisse, ihr versteht euch einfach. Daher fühlst du dich auch sehr wohl in deiner Haut. Das trifft auf dich nicht zu? Dann hast du in der Vergangenheit zu wenig auf deine Instinkte gehört und deiner

Intuition nicht ausreichend vertraut. In der heutigen „kopflastigen" Welt passiert das auch vielen Menschen mit definiertem Milzzentrum. Achte dann wieder mehr auf deine innere Stimme und finde den Einklang mit dir selbst.

nicht definiert/wahrnehmend:

- Ohne Definition im Milzzentrum fällt dir der Zugang zu deinen Ur-Instinkten eher schwer und du bist anfällig für Krankheiten. Allerdings kannst du daraus auch lernen und mit der Zeit besser auf dich achtgeben. Den Gesundheitszustand und das Wohlbefinden anderer Menschen kannst du hingegen sehr gut erspüren und ihnen mit Rat und Tat zur Seite stehen.
- Da du dir aber scheinbar nicht selbst vertrauen kannst, bist du von den Impulsen im Außen abhängig. Vielleicht hältst du dadurch zu lange an toxischen Beziehungen oder am ungeliebten Job fest. Somit bremst du dich selbst in deiner eigenen Entwicklung. Für dich ist es daher wichtig, dir ebenfalls bewusst Unterstützung zu suchen – so wie andere sie bei dir finden.

Solarplexus/Emotionalzentrum

Antriebsquelle (Druck): nein
Energiequelle: ja
Bewusstseinsquelle: ja

Keywords:
Emotionen – Leidenschaft – Lust – emotionale Bedürfnisse – Bewusstsein – energieschenkend – Motor – Mutation 2027 – keine Klarheit – Wellen – (enterisches) Nervensystem – Haut – Lunge – Bauchspeicheldrüse

Themen:

- Emotionen
- Lust
- Langsamkeit
- emotionale Bewusstheit
- Vergangenheit

Organzuordnung:

- Lunge
- Prostata
- Bauchspeicheldrüse
- Verdauung
- Haut

Funktion und Wunsch:
Das Emotionalzentrum ist sowohl Motorzentrum als auch Zentrum der Bewusstheit. Hier sind Themen wie z.B. emotionale Bindung, gemeinsame Erfahrungen, aber auch Verlangen und Romantik (nicht: Liebe!) angesiedelt. Diese Gefühle können eine enorme Energie freisetzen – daher Motorzentrum. Gleichzeitig sind sie für die emotionale Bewusstheit zuständig – daher Zentrum der Bewusstheit.

definiert/wirkend:

- Wie empfindest du Verlangen, Sensibilität, emotionale Bedürfnisse und Bindung? Mit einem definierten Emotionalzentrum strömen diese Emotionen wie Wellen auf dich ein. Mal spürst du sie in den höchsten Höhen und dann wieder in den tiefsten Tiefen. Von außen wirst du vielleicht immer wieder gefragt, warum du so reagierst, wie du reagierst. Doch du musst deine Gefühle weder erklären, verteidigen noch unterdrücken. Oft kennst du die Antwort nämlich selbst nicht.
- Schau einfach, dass du deine Emotionen fließen lässt, und nimm sie bewusst wahr. Denn um emotionale Stabilität und Klarheit zu bekommen, brauchst du Zeit. Lass es daher langsam angehen und verabschiede dich von dem Anspruch, spontan sein zu wollen. „Eine Nacht drüber schlafen" ist eine gute Strategie für dich.

nicht definiert/wahrnehmend:

- Wie gehst du mit Konflikten um? Vermutlich meidest du sie eher, weil du sehr harmoniebedürftig bist. Da du zudem eine hohe Wahrnehmung in diesem Bereich hast, bist du ausgesprochen empathisch. Wenn dir die Emotionen anderer zu stark werden, kann das allerdings leicht in emotionale Instabilität umschwenken. Frage dich dann einfach: „Sind das noch meine Gefühle oder schon die der anderen?"
- Diese ausgeprägte Empathie ist auch deine besondere Kraft. Dir macht niemand etwas vor, denn du weißt sofort, ob jemand die Wahrheit spricht oder nicht. Zudem kannst du anderen wunderbar spiegeln, wie sie sich gerade fühlen. Das ist nicht immer für jeden so klar zu erkennen wie für dich.

Ego/Willenskraftzentrum

Antriebsquelle (Druck): nein
Energiequelle: ja
Bewusstseinsquelle: nein
Keywords:
Willensstärke – Durchsetzungsvermögen – Wettbewerb – Selbstwert – materielle Ressourcen und Werte – Selbstbewusstsein – Familie – materiell überleben – Faulheit – Kunststücke – Motor – Herz – Magen – T-Zellen – Thymusdrüse

Themen:
- willentliche Durchsetzung
- Materie
- Familie
- Beiträge des WIR vs. des ICHs
- Ziele

Organzuordnung:
- Herz
- Magen
- Gallenblase
- T-Zellen
- Thymusdrüse

Funktion und Wunsch:
Vor allem in der Businesswelt ist das Willenskraftzentrum ein wichtiger Motor. Es bestimmt nämlich, ob und wie die materielle Ebene gemeistert werden soll. Entsprechend geht es hier auch um die Anerkennung, im Wettbewerb bestehen zu können. Aber auch die Bildung und Unterstützung von Gemeinschaft ist hier wichtig.

definiert/wirkend:
- Du hast einen starken Willen und willst ihn auch durchsetzen. Gern darf der daraus resultierende Erfolg für dich materieller Natur sein. Dabei kannst du deinen eigenen Wert selbstbewusst einschätzen.
- Die Versprechen, die du anderen gibst, nimmst du ernst und hältst sie auch ein. Für die Dinge, für die du brennst, gehst du auch schon mal an deine Grenzen – oder sogar darüber hinaus. Hier darfst du dich ein wenig in Achtsamkeit üben und es mit deinem Elan nicht übertreiben.

nicht definiert/wahrnehmend:

- Mit deinem wahrnehmenden Ego bist du gut darin, langfristige Ziele zu setzen. Allerdings mangelt es dann oft an der Umsetzung. Denn Standfestigkeit ist nicht unbedingt dein Ding. Diesen scheinbaren Mangel machst du aber mit einer besonderen Stärke wett: Du kannst richtig gut kooperieren und verschiedene Interessen zusammenführen!
- Im Gegensatz zu den Menschen mit definiertem Willenskraftzentrum musst du nicht auf Teufel komm raus deinen Willen durchsetzen und anderen etwas beweisen.

G/Identitätszentrum

Antriebsquelle (Druck): nein
Energiequelle: nein
Bewusstseinsquelle: nein

Keywords:
Anziehung (magnetischer Monopol) – Identitätsgefühl – Richtung – Lebensaufgabe – Rolle – Liebe – Inkarnation – Raum und Ort – „der Fahrer" – „höheres Selbst" – Leber – Blut – komplex

Themen:

- Richtung im Leben
- bedingungslose Liebe
- höheres Selbst
- Inkarnation
- Raum & Zeit

Organzuordnung:

- Blut
- Leber

Funktion und Wunsch:
Im Identitätszentrum dreht sich alles um den Sinn des Lebens und den Daseinszweck eines jeden. Der Fokus liegt dabei nicht auf der Persönlichkeit, sondern auf dem Körper und dem spirituellen Bewusstsein. Es geht darum, sich verbunden zu fühlen und die richtige Richtung für sich zu finden. Daher sitzt hier auch die (Selbst-)Liebe, die Liebe zu allem sowie die Selbst-Erkenntnis und das Selbst-Bewusstsein.

definiert/wirkend:

- Du weißt, wer du bist und wo du hinwillst. Dadurch kannst du auch anderen gut Orientierung geben. Auch dank deines starken Selbstbewusstseins nehmen dich andere als stabilen Hafen wahr. Du kannst ohne Abhängigkeitsgefühle dich selbst und andere lieben.
- Allerdings fällt es dir nicht immer leicht, dich an Situationen oder andere Menschen anzupassen. Hier darfst du dich daran erinnern, dass es nicht immer nur einen richtigen Weg gibt.

nicht definiert/wahrnehmend:

- Du bist maximal anpassungsfähig. Mit dieser Eigenschaft kannst du dich gut in andere Menschen und Rollen hineinversetzen und wärst dadurch ein hervorragende:r Schauspieler:in.
- Gleichzeitig fühlst du dich manchmal ein bisschen lost und weißt nicht, wo es mit dir hingeht. Die fehlende Orientierung suchst du dann im Außen. Hier darfst du achtsam sein und dein dich prägendes Umfeld bewusst wählen.

Kehle/Ausdruckszentrum

Antriebsquelle (Druck): nein
Energiequelle: nein
Bewusstseinsquelle: nein

Keywords:
Ausdruck – Kommunikation – Aufmerksamkeit – Handlung – Manifestation – Marktplatz – Sichtbarkeit – „Alles strebt zur Kehle!“ – Sprache – Schilddrüse

Themen:

- Manifestation
- Sichtbarkeit
- Handel
- Metamorphose
- Sprache

Organzuordnung:

- Kehle
- Schilddrüsenhormone

Funktion und Wunsch:
Im Ausdruckszentrum dreht sich alles um das geistige Bewusstsein und Kommunikation. Gedanken, Gefühle, Druck, Energie etc. wollen vom Inneren sichtbar ins Außen gebracht werden. Damit soll eine Wirkung in der Welt erzielt und ein Werk hinterlassen werden. Somit geht es auch um Aufmerksamkeit durch und Einfluss auf andere.

definiert/wirkend:

- Du teilst dich sehr gern anderen mit. In einem Raum voller Menschen wirst du von denen, die dich kennen, sofort anhand deiner Art, zu sprechen und dich zu bewegen, erkannt. Diese Form der Erscheinung ist nicht nur – wie bei uns allen – einzigartig, sie ändert sich bei dir auch nicht. Egal, in welcher Situation du bist oder mit wem du sprichst, du drückst dich immer gleich aus.
- Manchmal bringst du dich mit deiner immer gleichen Ausdrucksart in die verzwickte Lage, dass du auch losplapperst, wenn es eigentlich gerade nicht angebracht ist. Dann solltest du aufpassen, dass du aus Angst, etwas falsch zu machen, nicht verstummst.

nicht definiert/wahrnehmend:

- Du kannst dich gut an deine Umgebung anpassen, sprichst und verhältst dich stets der Situation angemessen. Daher haben viele Politiker:innen und Redner:innen eine wahrnehmende Kehle. Sie finden genau die Worte, die die Menschen gerade hören wollen.
- Du kannst das aussprechen, was anderen – sogar sich selbst gegenüber – verschlossen bleibt. Deswegen bist du ein:e beliebte:r Gesprächspartner:in. Manchmal fällt es dir aufgrund deiner Anpassungsfähigkeit allerdings schwer, dir selbst Gehör zu verschaffen. Dann darfst du noch mehr Mut entwickeln, um dich selbst zu zeigen.

Ajna/Verstandeszentrum

Antriebsquelle (Druck): nein
Energiequelle: nein
Bewusstseinsquelle: ja

Keywords:
Logik – Denken – Meinung – Konzepte – mentale Illusionen – Ideen

– Bewusstsein – Designkristall – Interpretation – Verwirrung – Abstraktionsvermögen – Ängste – mentale Projektionen

Themen:
- Ideen
- Mediation
- Konzepte
- (innere) Klarheit
- mentales Bewusstsein

Organzuordnung:
- Hypothalamus (Teil des Gehirns über der Hypophyse; wichtigstes Steuerelement des vegetativen Nervensystems und regelt bspw. unseren Schlaf-/Wach-Rhythmus)

- Hypophyse (hat in unserem Gehirn eine zentrale Rolle bei der Regulation des Hormonsystems in unserem Körper. Mit dieser Schnittstelle wird die Freisetzung von Hormonen in Bezug auf Wachstum, Fortpflanzung und Stoffwechsel reguliert.)

Funktion und Wunsch:
Mit dem Ajna assoziieren wir den Verstand und damit auch alles, was mit Zahlen, Daten, Fakten zu tun hat. Es geht also um die mentale Bewusstheit und die Verarbeitung sowie Herstellung von „Wirklichkeit". Auch Ängste und Illusionen sind dabei große Themen.

definiert/wirkend:
- Du weißt, dass du viel in deinem eigenen Kopf unterwegs bist. Recherchieren, untersuchen, analysieren und kategorisieren sind genau dein Ding. Wenn du dich so richtig in ein Problem eingearbeitet hast, findest du auch immer eine gute Lösung.
- Mit deiner „Kopflastigkeit" darfst du aber auch versuchen, mehr Balance in dein Leben zu bringen. Lege auch mal eine Denkpause ein und besinne dich auf deinen Körper. Meditation und Sport sind hier gute Unterstützer.

nicht definiert/wahrnehmend:
- Dein wahrnehmendes Ajna sorgt dafür, dass du sehr empfänglich bist für Konzepte, Ideen und Gedanken aus dem Umfeld. Du nimmst erstmal wertungsfrei und unvoreingenommen an, was dir präsentiert wird, und schaffst daraus etwas Eigenes.
- Es fällt dir jedoch schwer, deine persönlichen Probleme allein mit deinem Verstand anzugehen und Entscheidungen aus dir heraus

zu fällen. Aber das ist gar nicht schlimm! Sei dir einfach darüber bewusst, dass dir Impulse von außen gut dabei helfen, deine Gedanken zu ordnen.

Krone/Inspirationszentrum

Antriebsquelle (Druck): ja
Energiequelle: nein
Bewusstseinsquelle: nein

Keywords:
Inspiration – Wissen – Fragen – Druck – Grenzen des Wissens – Persönlichkeitskristall – Yang – Anbindung nach oben/außen – Mystik

Themen:
- Mysterium
- Druck, zu fragen
- Anbindung an die geistige Welt
- Abstraktion
- Logik

Organzuordnung:
- Zirbeldrüse

Funktion und Wunsch:
Das Kronenzentrum gehört zu den Druckzentren. Hier geht es speziell um den Druck, Fragen zu stellen. Du kennst es vielleicht: Wenn du ein Problem hast, verspürst du das innere Bedürfnis, eine Lösung zu finden. Das ist deine Krone. Im weiteren Sinn spielen hier auch Themen wie Inspiration, Gedanken und Ideen eine große Rolle.

definiert/wirkend:
- Du willst alles ganz genau wissen. Dabei schwirren dir selbst so viele Fragen durch den Kopf, dass du für jene von anderen nicht wirklich offen bist. Allerdings inspirierst du sie durch deine Art, Zweifel und Bedenken abzulegen und Lösungen zu finden.
- Einfach mal den Kopf ausschalten ist für dich ein Ding der Unmöglichkeit. „Overthinking“ ist hier das Stichwort. Daher darfst du lernen, dass du nicht auf alles eine Antwort haben musst. Hierfür kannst du deine Unterscheidungsfähigkeit entwickeln: Was ist jetzt wirklich für dich wichtig und was darf dich kaltlassen?

nicht definiert/wahrnehmend:

- Du kannst mit deinen Fragen andere – und auch dich selbst – ganz schön in den Wahnsinn treiben. Denn du verlangst häufig gerade auf solche Fragen eine Antwort, auf die du keine finden kannst.
- Allerdings bist du für die Fragen anderer sehr empfänglich und findest viel Inspiration im Außen. Bildlich kannst du es dir so vorstellen, dass du mit einer Antenne auf dem Kopf durch das Leben läufst, die ständig auf der Suche nach Inspirationsquellen ist. Da du alles aufnimmst, ist es manchmal eine Herausforderung für dich, zwischen eigenen Ideen und denen anderer zu unterscheiden.

Wurzel/Antriebszentrum

Thema:
(Ur-)Vertrauen

Botschaft

Vertraue dir. Vertraue dem Leben.

Tagesimpuls:

Achte darauf, was du heute dafür tun kannst, dich selbst in Hingabe an das Leben zu üben. Was wird dich heute erwarten? Was erwartest du vom Tag? Löse dich von den Erwartungen, denn wer erwartet, der wartet. Spüre tiefes Vertrauen in dir.

Unterstützende Affirmationen:

- In mir bin ich sicher.
- Ich bin in mir verankert.
- Ich vertraue dem Fluss meines Lebens.
- Ich weiß, dass alles sich zur für mich passenden Zeit zeigt.
- Jede Situation, die sich mir zeigt, ist genau das, was ich gerade zur Entwicklung oder Entspannung brauche.
- Voller Vertrauen lasse ich übertriebene Kontrolle los und lade Leichtigkeit in mein Leben ein.
- Ich vertraue mir und meinen Fähigkeiten.

Die Botschaft an dich als …

Generator:in:

Vertraue darauf, dass dir das Leben mit Optionen begegnen wird. Du musst nichts dafür tun. Indem du in Verbindung mit anderen gehst, zeigen sich dir deine Möglichkeiten.

manifestierende Generator:in

Die von dir gewünschten Ergebnisse werden sich einstellen, wenn du auf Empfang bleibst.

Manifestor:in

Andere werden dir vertrauen, wenn du den Druck rausnimmst, indem du sie über deine Vorhaben informierst.

Projektor:in

Anerkenne, dass du auf die Chancen des Lebens vertraust, auch wenn andere in einem Sachverhalt pessimistischer sind.

Reflektor:in

Beobachte dein Umfeld und die Welt, die du zurzeit auf den diversen Kanälen wahrnimmst. Wie sehr erlebst du diese Welt im (Ur-)Vertrauen? Welche Umgebung schätzt deine Beobachtung dazu? Wer kann hier einen Impuls von dir wertschätzen?

Die Botschaft an dich, wenn dein Zentrum ...

Definiert/wirkend ist ...

- Dein Umfeld anerkennt dich für das Vertrauen, das du ausstrahlst. Du wirkst gelassen und ruhst in dir, auch in stressigeren Situationen.

Nicht definiert/wahrnehmend ist ...

- Wer in deinem Umfeld schenkt dir sein Vertrauen und wie kannst du dich im Außen mit Kräften verbinden, die dein Vertrauen stärken? Spüre, an welcher Stelle du genügend Zeit einplanen darfst, um in deinem Tempo und in deiner Energie Dinge zu erledigen, ohne erschöpft zu werden.

Typische Situation im Alltag ... wenn das Zentrum in deiner Körpergrafik ...

Definiert/wirkend ist ...

- Du kannst dich von Ängsten lösen und kommst immer wieder ins Vertrauen.
- Du unterstützt andere, Vertrauen in die jeweilige Situation zu haben.

Nicht definiert/wahrnehmend ist ...

- Du spürst die Ängste und den Lebensdruck des Anderen stark in dir, kannst dich jedoch davon lösen und abgrenzen.
- Du nimmst dir immer wieder Zeit, um dich mit dir zu verbinden und dein Vertrauen zu stärken.

Reflektiere für dich ...

- Fühlst du dich im Leben „angekommen"?
- Was bremst dich in deiner Schaffenskraft?
- Fühlst du ein starkes Fundament in dir?
- Mit welchen Menschen und Themen kannst du am sorglosesten sein?
- Was bringt dich aus deiner Ruhe?
- In welchen Themenbereichen darfst du dich mehr im Vertrauen üben?

Thema: (Lebens-)Druck

Botschaft

Ziehe Kraft aus dem Druck des Lebens.

Tagesimpuls:

Überprüfe, wann du den inneren Druck spürst, weiterzugehen und neue Dinge zu erschaffen. Wo lässt du dich aufhalten? Wann überträgst du diesen inneren Druck auf andere?

Unterstützende Affirmationen:

- Ich spüre den Puls des Lebens und den Druck, ohne mich davon unter Druck setzen zu lassen.
- Ich atme den Druck weg.
- Mein Antrieb dient meiner (inneren) Ausrichtung.
- Ich nutze meinen Antrieb für meine Absichten im bestmöglichen Sinne.
- Mit Drive und voller Kraft ins Abenteuer Leben.

Die Botschaft an dich als ...

Generator:in:

Versuche, durch deinen inneren Druck und Drang nach Umsetzung und Manifestation bei dir zu bleiben und diesen nicht auf andere auszuüben. Deine Energie möchte umgesetzt und eingebracht werden, in Harmonie und befriedigenden Kooperationen.

manifestierende Generator:in:

Schnell mal hier und da etwas erledigen ist genau dein Ding. Doch auch du darfst immer wieder zur Ruhe kommen, um deine Energiequelle aufzutanken. Spüre, welche Handlungen dir wirklich Freude und Spaß bereiten und wo sich der Druck wie eine spaßige Achterbahnfahrt anfühlt anstatt wie eine mühselige Tretboottour.

Manifestor:in:
Nutze deinen inneren Push, um die Dinge umzusetzen, die in dir schlummern und das Leben in unserer Welt friedfertiger gestalten. Wenn die Energie für bahnbrechende Initiationen da ist und die Starterenergie zündet, dann kannst du in Windeseile neue Projekte, Ideen oder Ähnliches auf die Beine stellen.

Projektor:in:
Bleibe aufmerksam in der Interaktion mit anderen. Spüre deinen inneren Drang, das Leben von dir und anderen mit Optimismus zu bereichern. Versuche deinen inneren Druck liebevoll anzunehmen oder loszulassen und ihn nicht auf andere zu übertragen.

Reflektor:in:
Beobachte deine Umgebung. Wie geht sie mit Druck in ihrem (beruflichen) Leben um? Lässt deine Umgebung sich davon zu Handlungen verleiten oder nutzt sie diesen, um Projekte umzusetzen, deren Entscheidung schon nach ihrem Gefühl getroffen wurde? Welche Botschaft kannst du ihnen auf den Weg mitgeben?

Die Botschaft an dich, wenn dein Zentrum ...

Definiert/wirkend ist:

- Nutze den Druck zur inneren Ausrichtung und zur Umsetzung deiner Absichten. Setze dich und andere dabei nicht unter Druck, sondern bleibe im Fluss, vertraue dir und dem Leben.

Nicht definiert/wahrnehmend ist:

- Bleibe bei dir und übernimm nicht den Druck von anderen oder mache ihn zu deinem. Du darfst Dinge in deinem Tempo, nach deinen Bedingungen erledigen. Wann ertappst du dich dennoch, aus Existenzangst vorschnell zu handeln und dein Umfeld damit wuschig zu machen?

Typische Situation im Alltag ... wenn das Zentrum in deiner Körpergrafik ...

Definiert/wirkend ist:

- Du verspürst den Druck in dir nach Veränderung oder Umsetzung.
- Manchmal passiert es dir, dass du nicht mehr weißt, wohin du mit diesem Druck sollst, und dann wirst du leicht gereizt, wenn andere zu dir kommen und dir bspw. ihre Terminerwartungen überstülpen.
- Du weißt, wann es sich lohnt zu kämpfen und wann man unbekümmert bleiben darf.

Nicht definiert/wahrnehmend ist:

- Durch deine Anwesenheit kannst du den Stress von anderen verstärken, also somit auch ihren empfundenen inneren Druck. Jedoch hast du genauso die Gabe, Menschen zur Entspannung zu verhelfen.
- Manchmal übernimmst du den Druck von außen und machst ihn zu deinem. Du beeilst dich, weil du ihn schnell loswerden willst, und achtest dabei nicht auf deine Energie und deine Bedürfnisse.

Reflektiere für dich …

- Für was verspürst du Tag um Tag einen Sog, etwas tun zu wollen?
- Verspürst DU eher stetigen, konstanten oder eher einen sehr wechselhaften „Antrieb" (Tatendrang)?
- WOFÜR stehst du morgens auf?"
- Nimmst du Druck und Stress als etwas DIR Dienliches wahr?
- Welche Strategien hast du, um mit (positiven/negativen) Stress umzugehen?

Thema: Geschwindigkeit

Botschaft

Überprüfe, in welchem Tempo du voranschreitest.

Tagesimpuls:

„Wer zu spät kommt, den bestraft das Leben", sind Sätze, die wir sehr oft hören und uns damit zur Eile drängen lassen. Überprüfe, welche Schnelligkeit wirklich zu dir passt. Wann spürst du Energie beim Umsetzen und wann laugst du dich einfach nur noch weiter aus? Wann darfst du Grenzen setzen und wieder ins Vertrauen nach dem richtigen Timing und der richtigen Geschwindigkeit kommen?

Unterstützende Affirmationen:

- Ich eile mit Weile.
- Ich nehme mir die Zeit, die es braucht.
- Ich spüre, was das für mich dienliche Tempo ist.
- Ich gestalte mein eigenes Zeitempfinden.
- Ich löse mich von der Zeit und gebe mich dem Prozess hin.
- Heute lege ich die Uhr ab und vertraue meiner inneren Führung.

Die Botschaft an dich als …

Generator:in:

Solange du auf deinen Körper und seine Reaktionen auf die Angebote des Lebens vertraust, spürst du auch dein inneres Timing und musst nichts erzwingen oder hetzen.

manifestierende Generator:in:

Du darfst schnell umsetzen, wenn du die innere Freude dabei spürst. Informiere jedoch vorab dein Umfeld und entspanne dich regelmäßig.

Manifestor:in:

Wenn dein innerer Kompass zu dir spricht, dann bist du schnell wie ein Blitz und hast viele Ideen zur Umsetzung. Behalte stets deine Energie im Blick, gönne dir Pausen und suche dir ein Umfeld, welches dich bei der Umsetzung unterstützt.

Projektor:in:

Achte auf deine Geschwindigkeit und löse dich von dem Drang, mithalten zu müssen. Vertraue auf dein eigenes Timing. Du verkörperst LEBENSGENUSS. Was ist deine GENUSS-Geschwindigkeit?

Reflektor:in:

Spüre, wann dein Umfeld hetzt und eigentlich nach Ruhe lechzt. Wer darf einen Gang zurückschalten? Zeige deinem Umfeld auf, wie du dich dem kosmischen Timing, deinem Mondzyklus, hingibst.

Die Botschaft an dich, wenn dein Zentrum …

Definiert/wirkend ist:

- Dein innerer Druck verleitet dich oft zur Schnelligkeit und Eile. Dies muss jedoch nicht immer das Richtige für dich sein. Spüre, wann du dich unnötig hetzt und deine Schnelligkeit auch von anderen erwartest und sie damit unter Druck setzt.

Nicht definiert/wahrnehmend ist:

- Du kannst deinem Umfeld Entspannung, Ruhe und Gelassenheit bringen. Du kannst dich schnell an dein jeweiliges Umfeld und dessen Tempo anpassen - musst es aber nicht. Ein großes Potenzial und eine Stärke, die durch deine reine Anwesenheit zur Geltung kommt.

Typische Situation im Alltag ... wenn das Zentrum in deiner Körpergrafik ...

Definiert/wirkend ist:

- Du spürst inneren Druck, der dich antreibt und bereitmacht, auch für Dinge, die dir wichtig sind und Spaß machen, einzustehen.
- Du erledigst Aufgaben gerne auf den letzten Drücker, da du dann die Energie dafür spürst.
- Ein Talent von dir ist es, Projekte und Menschen oft in Gang zu bringen und den Funken in ihnen zu entzünden.
- Auch in stressigen oder chaotischen Situationen behältst du Ruhe.

Nicht definiert/wahrnehmend ist:

- Du spürst die Geschwindigkeit anderer sehr intensiv und lässt dich leicht davon anstecken, um mithalten zu können.
- Du erledigst ungerne Dinge auf den letzten Drücker und planst dir lieber genug Zeit ein.
- Du kannst unter chronischer Müdigkeit leiden und Konzentrationsschwierigkeiten, wenn du dich zu sehr stresst und eilst.

Reflektiere für dich ..

- Für welche Themen verspürst du einen ganz starken Antrieb?
- Welche TOP 3 Auslöser setzen dich am meisten unter Druck?
- Was erlebst du im Außen als stressig?
- Wie unterstützen dich äußere Faktoren darin, deine eigene Geschwindigkeit zu finden?
- Machst du Dinge oft auf den letzten Drücker?
- Lässt du dich nicht aus deiner Ruhe bringen?

Thema: physische Existenz

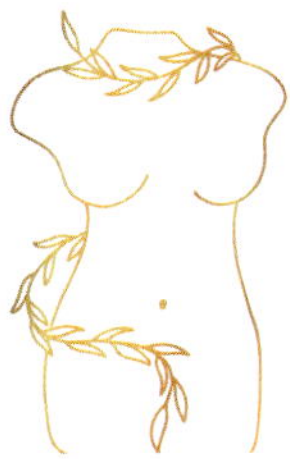

Botschaft

Nutze deine Energie, um deine Existenz zu gestalten.

Tagesimpuls:

Welche Dinge halten dich am Leben? Welche Handlungen bringen dir völlige Lebensfreude und Energie? Überprüfe, wo du achtsamer mit dir und deinem Körper (Fundament) umgehen darfst. Welche Gewohnheiten dürfen abgelegt werden und welche neuen, gesunden Routinen könntest du einbauen, die dir Sicherheit und Wohlbefinden schenken?

Unterstützende Affirmationen:

- Meine physische Existenz ist meine Realität.
- Ich sorge für mein Dasein.
- Ich weiß, dass ich mit allen Situationen, die mir das Leben bietet, umgehen kann, und spüre tiefe Sicherheit in mir.

Die Botschaft an dich als …

Generator:in:

Halte kurz inne und hinterfrage, wann dein Sicherheitsbedürfnis dich womöglich von deiner Gabe der Anpassungsfähigkeit abhält oder klein hält. Lege deine Rahmenbedingungen genau fest, sodass ein nährendes Miteinander möglich ist.

manifestierende Generator:in:

Du erhältst deine Befriedigung aus deiner Leistung. Spüre, wann du noch mehr Sicherheit brauchst und wie du sie in dir integrieren kannst. Wenn du in dir ruhst und Vertrauen in dich und deine Fähigkeiten hast, strahlst du dies auch nach außen.

Manifestor:in:

Du findest Halt und Existenz in den Signalen, die durch dich in die Welt wollen, dich führen und sichern.

Projektor:in:

Du bist gehalten von den Optionen, die das Leben dir durch andere ermöglichen wird. Hier darfst du deiner Wahrnehmungsgabe und gesundem Urteilsvermögen trauen.

Reflektor:in:
Woran machst du fest, dass die Menschen fest in sich verankert sind und ihre wahre Existenz erblickt haben?

Die Botschaft an dich, wenn dein Zentrum …

Definiert/wirkend ist:

- Du strahlst Sicherheit auf andere aus und sorgst für ein stabiles Fundament, damit schenkst du anderen ein Gefühl der Hoffnung und Stabilität.

Nicht definiert/wahrnehmend ist:

- Du spürst, wenn andere sich unsicher fühlen oder mehr Stabilität im Leben brauchen. Du selbst sehnst dich auch danach, weißt aber, dass Stabilität für dich immer den Kontext deines Seins miteinbezieht.

Typische Situation im Alltag … wenn das Zentrum in deiner Körpergrafik …

Definiert/wirkend ist:

- Du lässt dich von Erlebnissen nicht aus deiner inneren Ruhe und aus deiner Sicherheit bringen.
- Du kannst anderen Vertrauen und Stabilität schenken.

Nicht definiert/wahrnehmend ist:

- Menschen können durch deine Anwesenheit noch mehr in Unsicherheit geraten, da du dieses Gefühl von ihnen aufnimmst und verstärken kannst, wenn es in ihnen vorhanden ist. Denn du dienst ihnen als Spiegel. Halte deinen Spiegel sauber und identifiziere dich nicht mit der Instabilität der anderen. Du selbst darfst in Situationen von Unsicherheit und Instabilität im Vertrauen bleiben und dieses Gefühl liebevoll annehmen und den anderen deine Wahrnehmung schenken. So wirst du das beklemmende Gefühl los und die anderen werden ihrer Wirkung gewahr.

Reflektiere für dich ...

- Wie sehr fühlst du dich mit dem Leben verwurzelt?
- Ruhst du in dir selbst?
- Hast du ein großes Sicherheitsbedürfnis?
- Wie sicher fühlst du dich in dir selbst?
- Was fühlt sich (lebens-)bedrohlich für dich an?
- Wann verlierst du deine innere Balance?

Thema: Energiequelle

Botschaft

Wandle die Energien von einem GEGEN zu einem FÜR.

Tagesimpuls:

Überprüfe deine Aktivitäten, Gedanken und Handlungen. An welcher Stelle kämpfst du nonstop und verschwendest deine wertvolle Energie für Kämpfe, die sich nicht wirklich lohnen? Wann versuchst du, den gewaltigen inneren Druck nach außen zu transportieren?

Unterstützende Affirmationen:

- Meine Energie speist sich aus meinem Wollen, das Leben bis in die Haarspitzen erfüllend auszugestalten.
- In mir schlummert eine ungeheure Energie, das Leben erfahren zu wollen.
- Der Motor des Lebens erliegt nie.
- Ich gehe achtsam mit meiner Antriebskraft für das Leben um.
- Wenn die Rakete des Lebens zündet, sprühen meine Funken.

Die Botschaft an dich als ...

Generator:in:

Du darfst deine Energie umsetzen, indem du stärkende Kooperationen eingehst und generierst. Deine unterstützende Art ist genau das, was dich ausmacht. Wenn du deine Rahmenbedingungen kennst und vertrittst, kannst du auch optimale Rahmenbedingungen für deine Mitmenschen schaffen. So wird deine Energie zu einem FÜR für alle.

manifestierende Generator:in:

Du bist schnell in deiner Umsetzung und verspürst womöglich einen großen inneren Druck, in die Handlung zu kommen. Achte darauf, dass du nicht eilst und vor der inneren Leere oder dem inneren Druck davonläufst. Vor diesen inneren Gefühlen zu fliehen, ist nicht die Lösung. Lass dich auf den Prozess ein und spüre, wann es Zeit ist, zu starten, dann hast du auch die volle Energie für die Umsetzung deiner Vorhaben.

Manifestor:in:

Indem du Geduld lernst und praktizierst, schützt du dich davor, übereilte Handlungen zu tätigen, die womöglich nicht die Bedürfnisse der Gemeinschaft berücksichtigen. Schaffe einen Raum für dich, in dem du dir Zeit lassen kannst, bevor du mit deiner vollen Energie in kraftvollen Schüben in die Aktion gehst.

Projektor:in:

Achte auf deine Energie. Der innere Druck, zu kämpfen, kann dich zu unüberlegten Handlungen verleiten. Behalte immer den Fokus auf die Gemeinschaft, dein Gegenüber und versuche das Wohl und den Erfolg aller zu garantieren, indem du die Energie der anderen weise steuerst.

Reflektor:in:

Beobachte dein Umfeld: Wo kämpfen Menschen allein, um an ihr Ziel zu gelangen, ohne Rücksicht auf ihr Umfeld, ihre Gemeinschaft oder Familie zu nehmen? Wieso kämpfen sie auf Kosten anderer? Welche inneren Kämpfe finden hier unbewusst statt? Welches Muster steckt dahinter? Wie kann Energie in unserer Welt vermittelnder eingesetzt werden?

Die Botschaft an dich, wenn dein Zentrum ...

Definiert/wirkend ist:

- Dein Umfeld nimmt dich als gerecht und wertschätzend wahr. Du schaust darauf, dass die Bedürfnisse der Gemeinschaft berücksichtigt werden, und setzt deine Energie zur Umsetzung dieser Bedürfnisse ein.

Nicht definiert/wahrnehmend ist:

- Du schenkst deinem Umfeld Ruhe und Entspannung und spürst, wann den anderen die innere Antriebsenergie versiegt oder es ihnen zu viel wird.

Typische Situation im Alltag ... wenn das Zentrum in deiner Körpergrafik ...

Definiert/wirkend ist:

- Du setzt dich stark für die Umsetzung von bestimmten Werten, Bedürfnissen oder neuen Zielen ein.
- Du kannst im ständigen Kampfmodus feststecken und laugst dich damit immer mehr aus, weil du zu willkürlich am Anfang der Umsetzung bereits alle Energie verpuffen lässt.

- Du hast den Blick auf dein Ziel gerichtet und schaffst es, diesen Schritt für Schritt umzusetzen.

Nicht definiert/wahrnehmend ist:

- Du spürst oft keinen inneren „drängelnden" Anschub, etwas umzusetzen, und bleibst im Vertrauen, dass alles zur richtigen Zeit kommt.
- In einer Gruppe spürst du, wie viel Energie für das Anbahnen neuer Projekte/ Prozesse zur Verfügung steht und wie viel Kraft dahinter mobilisiert werden kann. Lass dich davon nicht überwältigen, sondern nutze es dazu, um die anderen wissen zu lassen und sie zu motivieren, wenn sie selbst es nicht sehen können.

Reflektiere für dich …

- Wie färbt es auf Andere ab, wenn du absolut in deiner Ruhe/Mitte bist?
- Wann verbreitest du Unruhe/ Nervosität?
- Was würde mir eine vertraute Person von dir mitgeben, wie du mit Druck und Stress umgehst?
- Was bringt dich in Schwung?
- Für welche eigene/ fremde Ausrichtung setzt du aktuell deine Energie ein?

Sakral/Lebenskraftzentrum

Thema: Sexualität

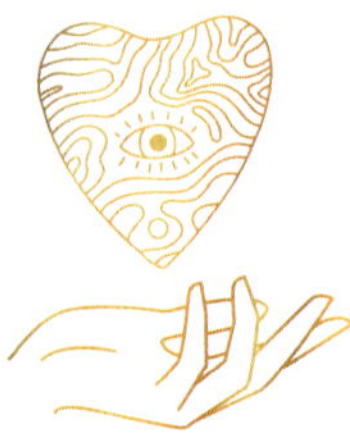

Botschaft

Erlaube dir, lustvoll zu begehren.

Tagesimpuls:

Du darfst heute in deine Weiblichkeit/Männlichkeit eintauchen. Wie fühlt es sich an, völlig in deiner Energie zu baden? Wo spürst du Blockaden, an welcher Stelle hindern dich Gedanken über dich und deinen Körper, dich vollkommen hinzugeben?

Unterstützende Affirmationen:

- Ich bin begehrenswert.
- Ich bin offen für sexuelle Abenteuer.
- Ich erobere meinen Körper lustvoll.
- Ich erlaube mir wahre Intimität.
- Distanz kann Nähe schaffen.
- Offenheit fördert Intimität.
- Ich erlaube mir, mit dem anderen zu verschmelzen.
- In meiner Weiblichkeit/Männlichkeit empfinde ich tiefes Vertrauen und losgelöste Lust.

Die Botschaft an dich als …

Generator:in:

Sexualität ist nicht nur ein Akt der Fortpflanzung, sondern eine tiefe Verbindung zweier Seelen. Spüre dein sexuelles Verlangen und genieße diese anziehende Seite in und an dir.

manifestierende Generator:in:

Spüre in dich hinein, ob du derzeit schon eine für dich befriedigende Sexualität lebst. Vielleicht möchtest du dich noch dominanter zeigen. Sexualität darf für dich eine Spielwiese sein. Probiere dich aus und spüre, was dir wirklich Freude macht und Leidenschaft in dir entfacht.

Manifestor:in:
Vom Schmusekätzchen zur lustvollen „Sexmaschine". Womöglich spürst du beide Seiten in dir. Zeige dich auch von deiner verletzlichen Seite und du wirst tiefe Verbundenheit in deiner Sexualität spüren.

Projektor:in:
Beobachte und spüre, wann Sexualität wirklich aus deinem Verlangen stammt und wann du womöglich die Lust des anderen in dir aufnimmst. Definiere deine Bedingungen ganz klar, die du brauchst, um dich vollkommen wohl und geborgen zu fühlen.

Reflektor:in:
Wenn du dein Umfeld beobachtest, welche Hemmnisse fallen dir auf? Warum können sich Menschen meist nicht voll und ganz verletzlich zeigen und ihre sexuellen Bedürfnisse äußern? Welche Schwellen bauen wir uns gesellschaftlich selbst auf? Wo ist es Zeit für eine neue Art der Sexualität? Beobachte deine eigene Sexualität, wo ist diese wie ein Abziehbild dessen, was in deinem Umfeld an Vorstellungen vorherrscht?

Die Botschaft an dich, wenn dein Zentrum …

Definiert/wirkend ist:
- Spiele mit deiner Sexualität und deinem Verlangen. Definiere deine Spielregeln und gib dich dem Prozess voll und ganz hin. Genieße die unterschiedlichen Wünsche und Bedürfnisse von dir und deinem Partner oder Partnerin.

Nicht definiert/wahrnehmend ist:
- Definiere deine Rahmenbedingungen, die du brauchst, um befriedigende Sexualität zu leben. Spüre tief in dich hinein, wann du wirklich für Intimität bereit bist und wann du Zeit für dich allein brauchst.

Typische Situation im Alltag … wenn das Zentrum in deiner Körpergrafik …

Definiert/wirkend ist:
- Du hast öfters und sehr regelmäßig ein Verlangen nach Intimität und Nähe.
- Du magst fruchtbare Prozesse - auch in Freundschaften oder auf der Arbeit. Dinge dürfen wachsen und gedeihen.
- Sexualität wirkt für dich erdend und ausgleichend in deiner Wahrnehmung deiner Energie.

Nicht definiert/wahrnehmend ist:

- Du spürst das Feuer und die Leidenschaft deines Gegenübers sehr intensiv.
- Manchmal könntest du dich zur Intimität verleiten lassen, obwohl du eigentlich gar keine Lust dazu hattest, da du die Energie des Anderen spürst.
- Du probierst dich gerne in deiner Sexualität aus und hast evtl. keine klare Vorliebe in der Partnerwahl.

Reflektiere für dich …

- Wie denkst du über Sexualität?
- Welche Erfahrungen haben dich eindrücklich positiv und negativ in Bezug auf Sexualität geprägt?
- Was macht für dich wahre Intimität aus?
- Wann ist es für dich sicher, dich roh und verletzlich zu zeigen?
- Wann empfindest du wahre Nähe?
- Wann tut dir Distanz zu anderen gut?
- Hast du Präferenzen in deiner sexuellen Praktik?
- Wie festgelegt bist du sexuell?
- Welches Konzept von Verbindung hast du?
- Wie leidenschaftlich bist du?
- Vertraust du deinem Begehren?

Thema: Lebenskraft

Botschaft

Lebe endlich das Leben, für das du gemeint bist.

Tagesimpuls:

Wie viele Stunden am Tag fühlst du dich auf dem falschen Weg, am falschen Ort oder komplett im falschen Beruf? Merkst du, dass innerlich eine höhere Aufgabe in dir schlummert? Dann fange endlich an, Entscheidungen nach deiner Autorität zu treffen und sie umzusetzen. Schritt für Schritt, Tag für Tag.

Unterstützende Affirmationen:

- Ich darf das Leben genießen.
- Ich weiß, wann Pausen sinnvoll sind.
- Manchmal ist weniger wirklich mehr.

- Das Leben ist mir wohlgesonnen.
- Ich bin in meiner Kraft.
- Ich beginne, meine Kraft zu spüren!
- Ich werde mir meiner Lebens-Impulse bewusst.
- Ich öffne mich für die facettenreichen Botschaften, die mich erreichen wollen.

Die Botschaft an dich als ...

Generator:in:

Deine beständige Lebenskraft ist etwas ganz Besonderes, was dich ausmacht. Du darfst sie in Projekte oder Menschen einsetzen, die dir Freude bringen und dich den Prozess des Schaffens genießen lassen. Es ist deine Ressource, die du sogar einsetzen musst, um Befriedigung zu finden.

manifestierende Generator:in:

Nutze deine Lebenskraft für Dinge, die dir Spaß machen - solange sie dir Spaß machen. Deine Energie kann sprunghaft sein und mitten im Prozess vielleicht sogar aufhören. Höre auf deine Freude und deinen inneren Impuls und beende Dinge, die dir schon länger keine Freude mehr bringen.

Manifestor:in:

In der Verwirklichung deiner Lebenskraft bist du schubweise sehr schnell, darfst aber auch wieder genügend Pausen zur Regeneration einbauen. Unterstützung von außen könnte hier ein Gamechanger für dich sein. Spüre in dich hinein, wann du durch andere weiterkommen würdest als allein.

Projektor:in:

Durch Gelegenheiten und richtige Einladungen des Lebens erhöht sich deine Lebenskraft und du fühlst dich anerkannt und gesehen. Du darfst jedoch Pausen einlegen und dir ein wohltuendes Team oder Unterstützung für größere Projekte an die Seite holen, die ihrerseits wiederum davon profitieren, dass du ihre Gaben erschließt.

Reflektor:in:

Beobachte, wie dein Umfeld mit seiner Lebenskraft umgeht. Wann investieren die anderen in blockierende Dinge immer weiter und wie lange halten sie dort sogar an? Und wie fühlt sich ihre Lebenskraft an, wenn sie einen höheren Sinn dahinter sehen und sie wirklich in Dinge investieren, die ihnen Freude, Spaß oder Anerkennung bringen?

Die Botschaft an dich, wenn dein Zentrum …

Definiert/wirkend ist:

- Dein Umfeld nimmt dich als kleines Energie- und bestenfalls Freudenbündel wahr. Du investierst gerne auch mal mehr Stunden in etwas, das dich so richtig erfüllt. So dass du am Ende des Tages dann aber auch richtig zufrieden ins Bett fallen kannst.

Nicht definiert/wahrnehmend ist:

- Wer aus deinem Umfeld kann dich bei der Erledigung von Aufgaben unterstützen? Bei welchen Menschen spürst du mehr Energie in der Zusammenarbeit? Hole dir ein unterstützendes Netzwerk an die Seite und folge achtsam den Schüben, die du zum Einsatz deiner Lebenskraft verspürst.

Typische Situation im Alltag … wenn das Zentrum in deiner Körpergrafik …

Definiert/wirkend ist:

- Du spürst enorme Energie, wenn dir etwas Spaß macht, und hast Freude am Erledigen dieser Aufgabe. Andere bitten dich oft um Hilfe, „weil du es ja so gut kannst" oder „du es einfach schneller machst".
- Du fühlst dich kraftlos und frustriert, wenn du nonstop Dinge erledigst, die dir so gar keine Freude bringen.

Nicht definiert/wahrnehmend ist:

- Du bekommst am Tag für einige Stunden Energieschübe, um Dinge effektiv umzusetzen, und machst danach gerne eine Pause. Manchmal gehen diese Energieschübe auch tage- oder wochenlang, dann sind die Pausen hinterher umso länger.
- In einer Gruppe oder mit anderen Personen fühlst du dich oft energiegeladen und denkst, du hättest immense Kraft zum Umsetzen, überforderst dich jedoch womöglich, weil es nicht deine Energie ist.

Reflektiere für dich …

- Wie fühlt sich dein JA/NEIN körperlich an?
- Wo spürst du das in deinem Körper?
- Hast du viel Bewegungsdrang?
- Wann „brennst" du richtig für etwas?
- Wie gehst du damit um, wenn es in deinem Leben mal nicht vorangeht?

Thema: Freude & Spaß

Botschaft

Mach es aus Freude oder lass es!

Tagesimpuls:

Du bist eingeladen, heute deine täglichen Abläufe genauer unter die Lupe zu nehmen, mit Blick auf die Freude. Welche Tätigkeiten machen dir viel Spaß? Wo fehlt dir Freude? Wie könntest du mehr Freude in dein Leben integrieren?
Was müsste sich ändern bzw. was kannst du verändern?

Unterstützende Affirmationen:

- Ich darf die Freude der anderen aufsaugen und diesen damit dienen.
- Ich freue mich auf neue Herausforderungen, muss diese aber nicht initiieren.
- Freude ist die Quelle meines Schaffens.
- Arbeit muss Freude machen!
- Ich liebe, womit ich beschäftigt bin.
- Das Leben ist Spannung, Spiel & Spaß!

Die Botschaft an dich als ...

Generator:in:

Deine Aura wirkt auf andere warmherzig und du strahlst Freude aus, wenn du wirklich in deiner Energie lebst. Das bedeutet, du darfst mehr von dem tun, was dir Lebensfreude bringt. Für dich ist Freude eines der wichtigsten Elemente in deinem Leben. Versuche immer wieder, deiner Freude zu folgen und sie mit anderen zu teilen.

manifestierende Generator:in:

Du darfst lernen, Grenzen zu setzen. Vor allem dann, wenn du zu etwas „Ja" sagen würdest, was dir keine Freude bringt. Du hast zwar Energie und bist womöglich auch schnell in der Umsetzung. Jedoch erfährst du tiefe Unzufriedenheit, wenn du nicht deiner Freude folgst.

Manifestor:in:

So richtig Freude empfindest du, wenn du deine neuen Ideen mit anderen teilen kannst und sie immer mehr umgesetzt werden. Wenn du spürst, dass sich deine Idee richtig anfühlt, dann darfst du dieser Freude folgen und sie mit anderen teilen und sie zur Umsetzung einladen.

Projektor:in:

Freude entsteht bei dir, wenn du etwas aus vollem Herzen tust und dafür Anerkennung von den anderen bekommst. Teile deinem Umfeld mit, wie sie dir zeigen können, dass sie dich sehen und deine Handlungen wertschätzen.

Reflektor:in:

Beobachte dein Umfeld und reflektiere, warum einige Menschen nicht ihrer Freude folgen? Wo haben sie ihr Inneres Kind begraben oder zwängen es in Aktivitäten, in denen es sich so gar nicht wohlfühlt? Wie kann man seine spielerische Leichtigkeit und Freude wieder mehr zulassen und leben?

Die Botschaft an dich, wenn dein Zentrum ...

Definiert/wirkend ist:

- Dein Umfeld sieht die Freude in dir, die du ausstrahlst und der du nachgehst. Du animierst andere dazu, mehr Spaß und Freude ins Leben einzuladen und auch in kleinen, alltäglichen Dingen die Freude zu entdecken.

Nicht definiert/wahrnehmend ist:

- Mit Menschen aus deinem Umfeld, die tiefe Freude in sich tragen, kannst du gerne vermehrt Zeit verbringen und dich mit dem Gefühl der Freude verbinden. Lerne, auf dein eigenes Gefühl zu hören und dich nicht von äußeren Rahmenbedingungen, wie Geld oder Zeit, bestimmen zu lassen.

Typische Situation im Alltag ... wenn das Zentrum in deiner Körpergrafik ...

Definiert/wirkend ist:

- Wenn du Freude spürst, dann sprudelst du vor Energie.
- Du genießt oft die kleinen Dinge genauso wie die großen.
- Wenn dir etwas über längere Zeit keinen Spaß macht, dann spürst du, dass sich deine ganze Energie blockiert.

Nicht definiert/wahrnehmend ist:

- Du lässt dich von der Freude deines Umfelds anstecken und begeistern.

- Du darfst klare Grenzen ziehen und für dich und deine Bedürfnisse nach Ruhe und Entspannung einstehen, wenn du spürst, dass du gerade keine Energie für „die Aufregung“ im Außen hast.

Reflektiere für dich …

- Folgst du immer deiner Freude?
- Was bereitet dir Freude?
- Wann hört für dich der Spaß auf?
- Wenn Geld und Zeit nicht dominieren würden, womit würdest du dich beschäftigen?
- Erlaubst du dir, deiner Freude zu folgen?
- Oder glaubst du, Freude & Arbeit passen nicht zusammen?

Thema: Kreativität

Botschaft

Verbinde dich mit Gleichgesinnten und kreiere.

Tagesimpuls:

Frage dich, wieso du Menschen und ihre Unterstützung aus deinem Leben ausschließt. Was ist der wahre Grund dahinter, dass du Unterstützung ablehnst? Wann darfst du Menschen noch mehr in dein Leben lassen und dich für einen fruchtbaren Austausch öffnen?

Unterstützende Affirmationen:

- Ich bleibe offen für Angebote aus meinem Umfeld.
- Ich bewahre mir, offen und flexibel zu sein.
- Gemeinsam mit anderen kann ich mehr erreichen.
- Ich mache es, weil es Spaß macht, nicht weil es sinnvoll ist.
- Weil es Spaß macht, ist es sinnvoll.
- Ich bringe mehr Vitalität in meine Arbeit.
- Kreativität kennt viele Gefäße.

Die Botschaft an dich als …

Generator:in:

Bleibe offen für die magischen Zusammenschlüsse, die das Leben dir bringt, und nutze dann deine Energie zur Umsetzung.

manifestierende Generator:in:
Du kannst kraftvoll wichtige Prozesse antreiben und löst damit eine neue Kreativität in anderen aus.

Manifestor:in:
Deine kreativen Impulse werden zu fruchtbaren Ideen, die du mit deinem Umfeld teilen kannst und in tolle Projekte münden können.

Projektor:in:
Durch deinen offenen Blick auf Dinge kannst du deinen Mitmenschen neue, kreative Impulse geben, damit sie in die richtige Richtung gelangen.

Reflektor:in:
Was siehst du in deinem Umfeld an kreativer Schaffenskraft? Leben Menschen mehr nach dem Prinzip des sinnvollen Schaffens und blenden damit Kreativität aus oder gibt es eine Balance zwischen kreativer Muse und sinnvoller Umsetzung?

Die Botschaft an dich, wenn dein Zentrum …

Definiert/wirkend ist:
- Dein Umfeld schätzt dich für deine leidenschaftliche Schaffenskraft, die du in eine Sache mit einbringst, wenn du Feuer gefangen hast.

Nicht definiert/wahrnehmend ist:
- Durch ein kreatives, motiviertes Umfeld spürst du ein inneres Feuer in dir lodern und bist zu Neuem inspiriert.

Typische Situation im Alltag … wenn das Zentrum in deiner Körpergrafik …

Definiert/wirkend ist:
- Du hast Ausdauer, wenn dein inneres Feuer für eine Sache brennt, und kannst sie zum Abschluss bringen.
- Du bist motivierend für andere und genießt den kreativen Prozess.
- Du kannst anderen zeigen, wie man Arbeit und Entspannung in Einklang bringt und genießt.

Nicht definiert/wahrnehmend ist:

- Deine Energie ist sehr effektiv und du kannst schon in kurzer Zeit vieles erledigen. Danach brauchst du jedoch eine Pause und musst entspannen.
- Durch die Motivation anderer lässt du dich inspirieren und erkennst ihre Leidenschaft in ihrem Tun.

Reflektiere für dich ...

- Kennst du, dass du aus Prozessen, die dir Freunde machen, mit hohem Energielevel herausgehst?
- Woran misst du Erfolg?
- Nimmst du alles selbst in die Hand oder bleibst du offen für gemeinsame (Arbeits-)Prozesse?
- Weißt du, wann es genug ist?

Thema: Dienen vs. Führen

Botschaft

Diene dem Leben und lass dich vom Leben führen!

Tagesimpuls:

Wo dienst du heute ausschließlich dir und deinem Daseinszweck? Schaue dich um, welche Zeichen führen dich heute zu dir zurück und ermöglichen dir eine Wohltat?

Unterstützende Affirmationen:

- Ich erkenne und lenke liebevoll die Lebenskraft anderer.
- Ich darf mich von der Lebensfreude der anderen anstecken lassen.
- Ich wertschätze meine Kapazitäten und setze diese effizient ein.
- Ich bin begeisterungsfähig.
- Ich lasse mich vom Leben überraschen.

Die Botschaft an dich als ...

Generator:in:

Du darfst einer wertschätzenden Community dienen, mit deinen Talenten und deiner Hingabe. Achte darauf, nicht zum Opfer zu werden und dich ausnutzen zu lassen. Das richtige Umfeld arbeitet mit dir und nicht gegen dich. Die Balance zwischen Dienen und Führen zu finden, ist für dich eine wichtige Aufgabe.

manifestierende Generator:in:

Durch deine wertvollen Ressourcen wirst du gerne bei Projekten und Arbeiten eingesetzt und darfst hier dienen. Verbinde dich immer wieder mit deiner inneren Stimme. Macht dir diese Aufgabe gerade Spaß? Dienen darf dir Spaß machen, ansonsten brennt dein Licht aus. Durch deine beeindruckende Spezialisierung in unterschiedlichen Themen kannst du Menschen führen.

Manifestor:in:

Du dienst der Menschheit, indem du deinen Weg gehst und dich nicht von Projektionen oder Bewertungen deines Umfelds aufhalten lässt. Automatisch führst du Menschen in eine bessere Zukunft, durch deine neuen Ideen und Impulse.

Projektor:in:

Du dienst mit deiner Feinfühligkeit und Wahrnehmung der Prozesse. Dein Umfeld will seine Ressourcen und die Lebenskraft zielführend einsetzen. Dabei kannst du ihnen dienen, indem du ihnen den Weg zeigst und sie zum Ziel und Erfolg führst.

Reflektor:in:

Deine Reflexionen und Wahrnehmungen sind sehr dienlich für dein Umfeld. Welche Führungsqualitäten erkennst du, die dienlich sind? Welche Eigenschaften sollten authentische Führungskräfte lieber ablegen? Wie kreiert man ein wertschätzendes Miteinander?

Die Botschaft an dich, wenn dein Zentrum …

Definiert/wirkend ist:

- Du dienst mit deiner Lebenskraft und inspirierst andere, das Leben und den Prozess zu genießen und Freude ins Leben einzuladen.
- Dienen und Führen darf in Balance sein.

Nicht definiert/wahrnehmend ist:

- Du dienst mit deiner Wahrnehmung, indem du anderen ihre Ressourcen und Energien zeigst.

Typische Situation im Alltag … wenn das Zentrum in deiner Körpergrafik …

Definiert/wirkend ist:

- Du reißt Aufgaben gerne zu schnell an dich, weil du die Energie dafür hast, und merkst womöglich danach, dass sie dir keine Freude bereiten oder einfach alles zu viel wird.
- Du dienst durch deine kreative und nachhaltige Arbeit.
- Dein Potenzial liegt darin, zu erkennen, wie man Ressourcen einsetzt, umso den Horizont zu erweitern.

Nicht definiert/wahrnehmend ist:

- Du erkennst, wenn Menschen ihre Energie in Dinge investieren, die ihnen gar keine Freude bereiten.
- Du weißt, dass die Balance zwischen Führen und Dienen durch regelmäßige Pausen und Erholung zustande kommt.

Reflektiere für dich …

- Auf welche Themen steigst du gerne ein und stellst gerne deine (Arbeits-)Kraft zur Verfügung?
- Wie steigst du aus Entscheidungen/Erfahrungen wieder aus, wenn dich diese energetisch nicht mehr nähren?
- Fällt es dir leichter, auf etwas im Leben zu reagieren oder etwas zu initiieren?
- Schätzt du es, OPTIONEN im Leben zu haben?
- Tust du, was du liebst?

Milz/Intuitionszentrum

Thema: Wohlbefinden/Gesundheit

Botschaft

Verankere dich bewusst in deinem Körper!

Tagesimpuls:

Ohne Gesundheit ist alles nichts. Warum kümmern wir uns aber meist zu spät darum oder nur spärlich? Reflektiere deine Ernährungsgewohnheiten und deine Bewegung. Wie oft tust du dir wirklich Gutes durch deine Nahrungsaufnahme? Wie natürlich und naturbelassen ist sie? Trocknet dein Körper regelmäßig aus oder wird er wirklich mit Wasser versorgt? Ist Bewegung ein Teil von deinem Lebensstil oder eher ein Fremdwort? Warum? Welche Wertschätzung fehlt dir hier?

Unterstützende Affirmationen:

- Ich spüre mich!
- Was mich nährt, stützt mich!
- Meine Gesundheit hat Priorität.
- In einem gesunden Körper wohnt ein gesunder Geist!
- Ich spüre, was mir guttut.
- Ich sage NEIN und schütze so mein WOHLergehen.

Die Botschaft an dich als …

Generator:in:

Deine sakrale Power benötigt Nährstoffe, damit sie richtig funktioniert. Versorge dich regelmäßig mit frischer Kost, die dir Genuss bereitet und dich nährt. Wie wäre es mit einem gemeinsamen, gesunden Kochen am Wochenende mit Freund:innen?

manifestierende Generator:in:

Deine Schnelligkeit sollte sich nicht auf deine Gesundheit auswirken. In der Auswahl deiner Lebensmittel und deiner Bewegungsart darfst du Entschleunigung hineinbringen. Nimm dir bewusst Zeit, natürliche Nahrung zu genießen, und hol dir den Spaß durch bspw. freudvolle Kochsessions oder lass dich durch neue Rezepte inspirieren.

Manifestor:in:

Gedanken und Aktionen verbrauchen nicht nur Energie, sondern auch Nährstoffe. Du darfst dir regelmäßig Pausen gönnen, um dein Stresslevel zu senken und dein Wohlbefinden wiederherzustellen. Genieße eine Vielfalt an naturbelassenen Lebensmitteln bei jeder Mahlzeit, um dich körperlich für deine nächsten Initiierungen zu regenerieren.

Projektor:in:

Die Süße des Lebens holst du dir durch einen stabilen Blutzuckerspiegel. Kombiniere daher bei jeder Mahlzeit genügend Eiweiße und gesunde Fette. Gesundheit darf genussvoll gelebt werden!

Reflektor:in:

Was kannst du tun, um dich gesund zu halten? Welche Techniken und Praktiken nimmst du in deinem Umfeld wahr? Welche Routinen führen früher oder später zu Krankheiten und bringen den Körper aus dem Gleichgewicht? Was glaubst du, warum einige nicht bewusst auf ihre Nahrungsauswahl achten?

Die Botschaft an dich, wenn dein Zentrum …

Definiert/wirkend ist:

- Du strahlst Sicherheit und Wohlbefinden auf dein Umfeld aus und steckst Menschen mit deiner Vitalität an, wenn du selbst auf dich achtest.

Nicht definiert/wahrnehmend ist:

- Dein Immunsystem ist nicht immer gleich aktiv und darf durch sanfte Methoden unterstützt werden. Du brauchst unbedingt ein gesundes Umfeld.

Typische Situation im Alltag … wenn das Zentrum in deiner Körpergrafik …

Definiert/wirkend ist:

- Du kannst über Jahre oder Monate hinweg eine ungesunde Angewohnheit haben und plötzlich von heute auf morgen änderst du sie.
- Du fühlst dich normalerweise gesund und merkst nicht schnell, wenn du wirklich krank bist.
- Du hast an sich ein feines Gespür, was dir wirklich guttut.

Nicht definiert/wahrnehmend ist:

- Du hast ein sensibles Immunsystem und bist stark abhängig von der Gesundheit deiner Umgebung.
- Du tust dich oft schwer, richtig einzuschätzen, was gesund für dich ist.
- Gesundheit kann ein Thema sein, was dich sehr interessiert und bei dem du unterschiedliche Dinge ausprobieren willst.
- Sanfte/homöopathische Methoden unterstützen dich am besten in deiner Gesundheit und in deinem Wohlbefinden.

Reflektiere für dich ...

- Was kannst du heute tun, um deine Gesundheit zu unterstützen?
- Wer oder was nährt dein Wohlergehen?
- Was tut dir gut?
- Wer lässt dich gut fühlen?
- Welchen Stellenwert misst du deiner Gesundheit bei?
- Wann und wo fühlst du dich am wohlsten?

Thema: Liebe zum Leben

Botschaft

Sei präsent!

Tagesimpuls:
Reflektiere: Wann verlässt du dich zu 100 % auf deinen Instinkt? Gibt es Situationen, in denen dein Instinkt dich gewarnt hat, du es aber trotzdem getan hast? Wie war das Ergebnis?

Unterstützende Affirmationen:

- Ich finde in mir Sicherheit!
- Ich bin im Moment!
- Bewusstsein erwacht im Jetzt!
- Sei HIER, sei JETZT!
- Im Jetzt erschaffe ich das Morgen.

Die Botschaft an dich als ...

Generator:in:
Das Überleben wird garantiert, indem fest verankerte, stabile Werte innerhalb der Gemeinschaft (Familie, Business) erschaffen werden.

Überlege, wie wir bereits unsere Kinder begleiten dürfen, um ihnen die richtigen Werte mit auf den Weg zu geben.

manifestierende Generator:in:

Indem du auf deine innere Stimme vertraust, spürst du im Hier und Jetzt, was hinter deiner Unsicherheit steht und welche Dinge ad hoc umgesetzt werden dürfen, damit Sicherheit einkehrt. Dadurch wächst nicht nur deine Wahrnehmung, sondern auch dein Bewusstsein, und du fühlst, was der nächste Schritt ist, der dein Überleben sichert.

Manifestor:in:

Deine Ideen kommen meist instinktiv aus deinem Unterbewusstsein heraus und dürfen Sicherheit in dein Umfeld bringen. Welche Stabilität bringst du in die Welt?

Projektor:in:

Du darfst vertrauen, dass deine Wahrnehmungen gehört werden, sobald dein Gegenüber bereit dafür ist. Durch dein feines Gespür bringst du das notwendige Know-How mit, wie ein sicheres Überleben möglich ist.

Reflektor:in:

Erkennst du, welche Strategien wertvoll fürs Überleben sind und welche womöglich aus einem Mangel heraus oder aus Verletzungen in der Kindheit entstehen? Welche Werte braucht es für ein stabiles Fundament, damit wir nicht von heute auf morgen alles Erbaute selbst niederreißen? Wo stehen wir uns noch selbst im Weg?

Die Botschaft an dich, wenn dein Zentrum …

Definiert/wirkend ist:

- Dein Umfeld kann dich als etwas egoistisch wahrnehmen, da du in notwendigen Situationen vor allem auf dein Überleben bedacht bist. Du kannst dich jedoch auf deinen Instinkt verlassen und solltest dies nicht von der Meinung deines Umfelds abhängig machen.

Nicht definiert/wahrnehmend ist:

- Du darfst das Gefühl der Sicherheit in dir selbst finden und verschiedene Wege finden, wie du dich sicher fühlen kannst. Passe auf, dass du dich nicht zu sehr abhängig von anderen Menschen, Arbeit, Geld etc. machst, die dir ein vermeintliches Gefühl nach Sicherheit schenken, dir aber in Summe nicht wirklich guttun.

Typische Situation im Alltag … wenn das Zentrum in deiner Körpergrafik …

Definiert/wirkend ist:

- Du hast einen starken, inneren Instinkt, der auf dein Überleben bedacht ist.
- Du verspürst eine innere Sicherheit in dir und kannst diese auch auf andere übertragen.

Nicht definiert/wahrnehmend ist:

- In gewissen Situationen fühlst du dich oft unsicher.
- Du spürst, wem du vertrauen kannst und wem nicht, lässt dich jedoch manchmal von vermeintlicher Sicherheit blenden oder bleibst zu lange in Situationen, die dir nicht guttun.

Reflektiere für dich …

- In welchem Bewusstsein willst du heute sein, um in aller Klarheit entscheiden zu können?
- Was hindert dich aktuell daran, in deine Klarheit zu gelangen?
- Wann versagst du dir, spontan zu sein?
- Was ist für dich der Unterschied zwischen deiner Intuition und deinem Instinkt?

Thema: Zukunft

Botschaft

**Achte auf die Zeichen.
Sei Teil deiner Zukunft!**

Tagesimpuls:

Um frei und ohne Ballast in die Zukunft zu gehen, darfst du die Vergangenheit loslassen und die Erkenntnisse daraus als Weisheit für die Zukunft mitnehmen. Welche Dinge aus der Vergangenheit belasten dich aktuell noch? Welche Verletzungen trägst du noch mit dir herum? Wie sind deine Beziehungsmuster und wie der Umgang mit dir selbst und deiner Gesundheit, deinem Wohlbefinden?

Unterstützende Affirmationen:

- Meine Visionen stützen mein Handeln!
- Heute gebäre ich die Zukunft, in der ich leben mag.

- Ich bin Gestalter:in meiner Zukunft.
- Ich projiziere, in welcher Welt ich leben möchte.
- Instinktiv ergreife ich meine Gelegenheiten.

Die Botschaft an dich als …

Generator:in:
Du strahlst Sicherheit aus und gibst Menschen das Gefühl, dass die Zukunft rosig wird, da du sie in der Gegenwart umstrukturierst und neu erbaust. Zusammen mit deiner Gemeinschaft seid ihr im Hier und Jetzt verankert, um neue Grundbausteine für eine bessere Zukunft zu legen, die ein stabiles Fundament besitzt und dadurch Sicherheit ausstrahlt.

manifestierende Generator:in:
Du bringst wichtige, intuitive Prinzipien mit, um einschätzen zu können, was Sinn macht und was nicht. So bringst du die intuitive Weisheit und Klarheit mit, welche Menschen, Projekte, Konzepte wertvoll für die Zukunft sind und welcher wir uns als Gemeinschaft entledigen dürfen.

Manifestor:in:
Du nimmst die Bedürfnisse deiner Umgebung wahr und kreierst in dir neue Ideen, wie die Zukunft gestaltet werden darf. Sobald dein Instinkt dir das Go gibt, kannst du überzeugend kommunizieren und die Menschen in die Zukunft führen.

Projektor:in:
Du hast ein Näschen für erfolgreiche Menschen und siehst, welche Anpassungen notwendig sind für eine erfolgreiche Zukunft.

Reflektor:in:
Erkennst du die Bedürfnisse deiner Umgebung in Bezug auf die Zukunft? Was wünschen sich die Menschen? Was wollen sie mehr? Welche Werte oder Prinzipien sind ihnen im Zusammensein, im Erfolg oder gesellschaftlich gesehen wichtig? Welche Konzepte für eine respektvolle und wertschätzende Zukunft gibt es bereits? Wie können wir im Einklang mit der Natur und ihren Lebewesen leben?

Die Botschaft an dich, wenn dein Zentrum …

Definiert/wirkend ist:

- Du spürst instinktiv, welche Konzepte oder Menschen wohltuend für die Gemeinschaft und die Zukunft sind. Behalte dir dein feines Gespür bei und vertraue auf diesen Impuls.

Nicht definiert/wahrnehmend ist:

- Du spürst, wann andere unehrlich sind und Schaden anrichten würden. Du solltest jedoch nie impulsive Entscheidungen treffen.

Typische Situation im Alltag … wenn das Zentrum in deiner Körpergrafik …

Definiert/wirkend ist:

- Du hast in dir klare Werte und Prinzipien, die innerhalb der Gemeinschaft eingehalten werden sollen.
- Du spürst eine sofortige, intuitive Eingebung in dir, auf die du dich verlassen darfst.
- Deine Ur-Ängste projizierst du gerne auf andere und darfst lernen, sie wieder loszulassen und einfach nur zu fühlen, ohne sie festzuhalten.

Nicht definiert/wahrnehmend ist:

- Du reagierst sehr sensibel auf dein Umfeld, ihre Ängste und ihre Gesundheit.
- Manchmal möchtest du impulsive Entscheidungen treffen, darfst dir jedoch Zeit nehmen, um deiner wahren Stimme zu lauschen.
- Du beobachtest Zukunftsängste bei anderen, kannst diese jedoch von deinen eigenen unterscheiden und lernst daraus, wie man mit Ängsten richtig umgeht.

Reflektiere für dich …

- Welche Vision hast du derzeit von deiner Zukunft?
- Welche Eingebungen nimmst du wahr, verfolgst diese aber aus Angst nicht?
- Vertraust du deiner Intuition?
- In welcher Zukunft möchtest du leben?

Thema: Ängste oder Korrektur

Botschaft

Begegne deinen Ur-Ängsten und umarme sie!

Tagesimpuls:

Kennst du bereits deine Ängste oder sind sie ein unbewusstes Gefühl, welches du noch nicht klar benennen kannst? Kommen deine Ängste regelmäßig und belasten dich in bestimmten Situationen? Erinnere dich daran, dass Ängste dazu da sind, kurz von dir wahrgenommen zu werden, um deine aktuelle Situation zu überprüfen, um dann losgelassen werden zu wollen.

Unterstützende Affirmationen:

- Ich erkenne, was mir nicht mehr guttut.
- Ich entledige mich der Laster meines Lebens.
- Erneuerung ist Teil der Veränderung, die ich ersuche.
- Ich atme ein und ich atme aus.

Die Botschaft an dich als …

Generator:in:

Du möchtest dazugehören und ein Teil einer Gruppe sein. Für dich ist die Gemeinschaft wichtig. Deine größte Sorge ist es, deine eigenen Bedürfnisse aufzugeben oder anzupassen, um dazuzugehören. Vertraue darauf, dass eine für dich passende Gemeinschaft auch auf deine Bedürfnisse Rücksicht nimmt und du sie äußern kannst, ohne angegriffen zu werden.

manifestierende Generator:in:

Du strahlst, wenn du Dinge verwirklichen kannst und deine Energie in etwas eingesetzt wird. Deine größte Angst ist, dass du scheiterst oder gar keine Ergebnisse erzielst. Vertraue darauf, dass die für dich richtigen Chancen auf dich zukommen und du sie erkennen wirst.

Manifestor:in:

Eine deiner größten Sorgen ist es, dass du mit deinen Ideen oder als Person abgelehnt wirst, dich einsam fühlst oder sogar ganz allein auf dich gestellt bist. Spüre die tiefe Liebe zu allem in dir und wisse, dass du zwar autark bist, niemals aber allein.

Projektor:in:
Du hast Angst davor, dass dich niemand wirklich sieht und sich für dich interessiert. Deine Sorge ist es, dass deine Leistungen bzw. Beiträge nicht wertgeschätzt und anerkannt werden. Verbinde dich mit dem Fluss des Universums und spüre, wie sehr wir alle miteinander verbunden sind und wie viel Wertschätzung und Würde in jedem einzelnen von uns steckt.

Reflektor:in:
Deine Angst ist, dass das Wahre nicht gehört wird, weil das Unechte oder Falsche lauter ist. Erkenne, welche Urängste in jedem von uns schlummern. Welche Ängste erkennst du kollektiv in unserer Gesellschaft? Welche Bedürfnisse ergeben sich daraus? Welche Systeme oder Werte müssen geschaffen werden, damit diese Ängste nicht entstehen, losgelassen oder geheilt werden können?

Die Botschaft an dich, wenn dein Zentrum …

Definiert/wirkend ist:

- Du hast den Zugang zu einem sehr schnellen, kurzen Impuls, den du als inneren Instinkt deuten kannst. Er zeigt dir, welche Situationen sicher oder unsicher für dich sind. Nimm ihn wahr, aber halte ihn nicht zu lange fest. Diese Ängste dürfen weiterziehen.

Nicht definiert/wahrnehmend ist:

- Du nimmst Ängste aus deiner Umgebung wahr und kannst so feinfühlig begleiten und ihnen bei der Loslösung helfen. Lasse diese Ängste selbst los, sie sind kein Teil von dir und dürfen vorbeiziehen.

Typische Situation im Alltag … wenn das Zentrum in deiner Körpergrafik …

Definiert/wirkend ist:

- Du spürst gewisse Ängste, wie die Angst vor dem Versagen, vor Sinnlosigkeit oder Ähnlichem und überträgst deine Sorgen evtl. auch auf andere.
- Du nimmst deinen Impuls im Moment wahr und erkennst, ob es eine begründete Angst ist, die dich vor etwas retten will oder nicht.

Nicht definiert/wahrnehmend ist:

- Du spürst eine innere Unsicherheit in dir und suchst im Außen z.B. bei anderen Menschen danach.

- Du wiederholst die immer gleichen (Beziehungs-)Muster und weißt doch, dass sie dir schon lange nicht mehr dienen.

Reflektiere für dich ..

- Wann darfst du dir eingestehen, dass unter nüchterner Betrachtung ein bestimmtes Thema eine neue Richtung nehmen darf?
- Wann hast du manchmal vor falschen Autoritäten auch eine berechtigte Angst? Wie überprüfst du deren Substanz?
- In welchen Situationen hast du Sorge, unzulänglich zu handeln? Worin begründest du dies?
- Hast du manchmal Angst davor, dass es für die Zukunft an Menschen mit den benötigten Talenten mangelt?
- Wie groß ist deine Sorge vor Niederlagen im Leben?
- Kennst du die Angst vor einem sinnlosen Leben/ Tod?

Thema: Natur

Botschaft

Verbinde dich wieder mit Mutter Natur!

Tagesimpuls:

Verbinde dich heute bewusst mit der Natur, indem du barfuß den Boden unter dir wahrnimmst oder bewusst mit den Händen Dinge in der Natur umarmst und in der Hand hältst. Welche Energien spürst du in dir dabei? Wie geerdet fühlst du dich? Spürst du die bedingungslose Liebe und Dankbarkeit in dir?

Unterstützende Affirmationen:

- Ich verbinde mich mit der Kraft der Natur!
- Ich erneuere mich aus mir heraus.
- Ich bleibe unschuldig, wachsam und für meine Intuition offen.
- Ich tue mir selbst gut.
- Ich lasse mir Wurzeln wachsen.

Die Botschaft an dich als ...

Generator:in:

Schaffe dir eine natürliche Umgebung, die dich aufblühen lässt und für dich alle Attribute inkludiert, die für dich wichtig sind. Lade die

Natur in dein Zuhause ein, indem du dir Pflanzen kaufst und dich liebevoll um sie kümmerst oder indem du deine Füße in der Mittagspause in den Fluss hältst. Spüre die Kraft der Natur, die in dich fließen möchte.

manifestierende Generator:in:

In einem stressigen Alltag ist es für dich immer wieder wichtig, dich zu erden. Du darfst bewusst kleine Verschnaufpausen einplanen, die dir Freude bereiten. Das könnte ein Spaziergang am Fluss entlang sein oder ein spannendes Buch in der Sonne lesen genauso wie eine abendliche Joggingrunde. Versuche, dich immer wieder mit der Natur zu connecten.

Manifestor:in:

Sobald du dich mit der Natur verbindest, regenerierst du sehr schnell und entspannst deinen ganzen Körper und dein Geist kommt zur Ruhe. Atme täglich bewusst frische Luft ein und lausche den Geräuschen der Natur. Dies wird dein Nervensystem beruhigen und regenerieren.

Projektor:in:

Wenn du dich durch deinen Körper z.B. mit deinen Händen aktiv mit der Natur verbindest, dann spürst du auf einmal die ganze Liebe in dir. Du kannst Groll, Ärger oder Verbitterung lösen und transformieren. Deshalb nimm dir täglich Zeit, mit deinen Händen die Natur zu berühren.

Reflektor:in:

Kennst du Orte, die andere Menschen richtig erstrahlen lassen und ihr ganzes System regenerieren? Was haben diese Orte so Besonderes an sich? Wie können wir diese Eigenschaften auch in unser Zuhause integrieren, sodass auch unsere Wohnung/Haus zu einem Ort der Regeneration wird? Welche Lösungen gibt es, die Natur noch mehr in unser Leben zu bringen? Wie bringe ich die Natur in mein Zuhause, in meine Stadt, zu meinem Arbeitsplatz?

Die Botschaft an dich, wenn dein Zentrum …

Definiert/wirkend ist:

- Halte inne und lausche deinem Körper, wenn du dich aktiv mit der Natur verbindest. Welche Botschaften hält sie für dich bereit? Erkenne, was du brauchst. Höre auf die Zeichen deines Körpers.

Nicht definiert/wahrnehmend ist:

- Indem du dich mit der Natur verbindest, kann dein Immun- und Nervensystem wie auf wundervolle Weise regenerieren. Es saugt die Gesundheit und das Göttliche aus deiner Umgebung in dir auf. Deshalb achte auf eine wohltuende, gesunde Umgebung.

Typische Situation im Alltag ... wenn das Zentrum in deiner Körpergrafik ...

Definiert/wirkend ist:

- Du weißt, dass die Natur eine wichtige Rolle in Puncto Gesundheit spielt.
- Du merkst, welche natürlichen Lebensmittel dir Wohlergehen schenken und welche du lieber nicht essen solltest.

Nicht definiert/wahrnehmend ist:

- Du darfst vorsichtig ausprobieren, welche Lebensmittel dich wirklich nähren.
- Du neigst zu Unwohlsein, wenn du einige Tage nicht aktiv in der Natur unterwegs bist oder viel in Innenräumen sitzt.

Reflektiere für dich ..

- Welchen Kraftort möchtest du heute aufsuchen?
- Wofür ist dir Mutter Natur heute Vorbild?
- Wann schaust du einfach mal nur so aus deinem Fenster in die Natur?
- Was kannst du heute von Mutter Erde lernen?
- Was möchtest du heute von deinem Spaziergang aus der Natur mit nach Hause nehmen?

Solarplexus/Emotionalzentrum

Thema: Emotionen & Gefühle

Botschaft

Lass deine Emotionen fließen!

Tagesimpuls:

Achte heute auf deine Emotionen. Wann klammerst du dich an einer Wunschvorstellung fest? Wann leiten dich deine Emotionen wegen deiner Erwartungen zu einer Situation oder Person? Spüre in dich hinein, welche Emotionen wahrlich dir gehören und welche du von deinem Umfeld übernimmst. Lass heute alles los und lass es fließen. Lass dich auf dem Fluss der Emotionen treiben und lausche, spüre, ohne zu bewerten oder zu handeln.

Unterstützende Affirmationen:

- Ich gebe mich meinen Emotionen hin, ohne zu wissen, wohin es mich führen mag.
- Ich vertraue meinem Gefühl und lasse mir Zeit.
- Ich vertraue der Botschaft meiner Gefühle.
- Ich habe keine Angst vor den emotionalen Wellen des Lebens.
- Fühlen macht mich lebendig.
- Meine Emotionen bringen mir mehr Bewusstheit über mein Leben.

Die Botschaft an dich als …

Generator:in:

Spürst du die Liebe zur Menschheit? Diese Karte ist ein Impuls für dich, in deine emotionale Verletzbarkeit einzutauchen, deine Gefühle wahrzunehmen und dem Prozess hinzugeben. Emotionen sind Wellen, die wie Ebbe und Flut kommen und gehen. Du darfst Bewusstsein erlangen, um so in Beziehung zu anderen empathisch und achtsam zu bleiben und dich zum richtigen Zeitpunkt auch selbst abzugrenzen, wenn du Schutz brauchst.

manifestierende Generator:in:

Bist du wieder auf der Überholspur? „Gut Ding will Weile haben." Diese Lebensweisheit passt perfekt zu dir und deinen Emotionen, liebe:r MG. Denn als geborener Wirbelwind darfst du Geduld und Achtsamkeit mit Gefühlen lernen. Du erschaffst dir deine Realität, also lerne dich abzugrenzen, Nein zu sagen, zuzuhören und präsent im Moment zu bleiben.

Manifestor:in:

Diese Karte lädt dich ein, dich auch mit den Bedürfnissen deiner Gemeinschaft zu verbinden. Durch deine abschirmende Aura können andere nicht in deine Gefühlswelt blicken und dich womöglich oft nicht verstehen. Um unnötige Konflikte zu vermeiden, darfst du deine Gefühle offen kommunizieren.

Projektor:in:

Wieder überwältigt von den Gefühlen der anderen? Willst du überall helfen und da sein? Gönn dir auch Zeit für dich und deine Emotionen. Beobachte sie und kommuniziere sie auch nach außen. Welche Bedürfnisse hast du, was brauchst du? Wie kannst du andere Menschen unterstützen?

Reflektor:in:

Diese Karte lädt dich zur Sanftheit im Umgang mit deinen Mitmenschen ein. Deine Beobachtungen sind ein wahres Geschenk für dein Umfeld, jedoch darfst du hier auch auf ihre Emotionen achten und wertungsfrei deine Reflexionen teilen.

Die Botschaft an dich, wenn dein Zentrum ...

Definiert/wirkend ist:

- Dein Umfeld nimmt dich als emotional wahr und kann Höhen und Tiefen in deiner Stimmung erkennen. Durch Geduld und Vertrauen wirst du emotionale Klarheit bekommen. Sieh deine Wellen als einen Prozess, den du brauchst, um in Balance zu bleiben. Es ist dein System zur Ausgeglichenheit und emotionaler Klarheit.

Nicht definiert/wahrnehmend ist:

- Dein Umfeld nimmt dich als empathisch wahr und wünscht sich oft eine emotionale Reaktion von dir. Du darfst jedoch in dich hineinspüren, welche Emotion zu dir gehört und welche nicht. Grenze dich klar ab und bleibe jedoch empathisch. Durch andere lernst du die emotionalen Höhen und Tiefen kennen.

Typische Situation im Alltag … wenn das Zentrum in deiner Körpergrafik …

Definiert/wirkend ist:

- Du hast manchmal starke Stimmungsschwankungen und fühlst dich womöglich leicht melancholisch.
- Du bist emotional und kannst wütend werden, wenn jemand gegen deine Werte handelt.
- Du hast einen Hang zur Romantik und Leidenschaft und magst Berührungen.

Nicht definiert/wahrnehmend ist:

- Du gehst Konflikten oft lieber aus dem Weg, weil du Sorge vor der emotionalen Reaktion des Gegenübers hast.
- Wenn du allein bist, dann spürst du eine emotionale, innere Ruhe in dir.
- Das Leid des Anderen oder der Menschheit lässt dich oft nicht mehr los.

Reflektiere für dich …

- Mit welchem Gefühl gehst du abends ins Bett?
- Kennst du von dir, dass du andere versuchst, emotional zu beeinflussen oder zu überreden?
- Wachst du manchmal einfach (grundlos) mit guter/schlechter Laune auf?
- Versuchst du dir oder anderen deine Emotionen/Gefühle zu erklären?
- Was bedeutet Melancholie für dich?
- Wie gehst du mit deinen verschiedenen Emotionen/Emotionswellen um?
- Fühlst du dich manchmal überrannt von den Emotionen anderer und hast Angst vor Konflikten oder gehst diesen lieber aus dem Weg?

Thema: Lust & Leidenschaft

Botschaft

Genieße das Leben!

Tagesimpuls:

Wann schaffst du Leiden, anstatt Lust und Hingabe? Reflektiere, in welchen Bereichen du dich abmühst, kämpfst oder selbst blockierst, anstatt mit Leichtigkeit deiner Muse nachzugehen?

Unterstützende Affirmationen:

- Ich genieße das Leben.
- Ich verfeinere mein Gespür für die lustvollen Momente meines Lebens.
- Lust und Leidenschaft bereichern mein Sein.
- Mit Muße stelle ich mich den Aufgaben des Lebens.
- Ich bewerte, wie ich mich in einer Situation gefühlt habe, nicht, ob die Situation richtig/ falsch war.

Die Botschaft an dich als …

Generator:in:

Lust, Genuss und Freude sind eine der wichtigsten Wörter für dich. Du darfst grundsätzlich alles tun, was dir Lust und Genuss bringt. Spürst du eine Blockade oder Frustration, dann frage dich, wann im Leben du dich selbst bestrafst, über deine Grenzen gehst oder keine Freude mehr empfindest? Wo dürfen Dinge beendet werden?

manifestierende Generator:in:

Man könnte dich auch einen lustvollen Wirbelsturm nennen. Freude und Lust sind wichtige Kriterien für dich im Leben. Du erledigst Dinge nur so lange, wie du wahre Befriedigung dabei empfindest. Wenn dir etwas keinen Spaß mehr macht, dann darfst du dich hiervon loslösen.

Manifestor:in:

Lust ist wie ein:e Besucher:in, die kommt und geht. Erlaube dir, facettenreich mit deiner Lust in Kontakt zu kommen und nicht allzu starke Vorstellungen davon zu haben. So findest du Frieden.

Projektor:in:

Zu welchen sinnlichen Abenteuern mag dich das Leben heute wohl einladen? Deinen Leben darf ein Hochgenuss sein. Also halte Ausschau, wie dies heute gelingen kann.

Reflektor:in:

Was beschert den Menschen wahre Lust? Wann sind sie so richtig in ihren Passionen versunken und warum finden nur so wenige diese? Was nimmst du davon in deinem Umfeld wahr?

Die Botschaft an dich, wenn dein Zentrum …

Definiert/wirkend ist:

- Du darfst deiner Leidenschaft folgen und dich dieser hingeben. Womöglich spürst du manchmal einen inneren Sog nach neuen, lustvollen Erfahrungen. Bleibe achtsam und achte auf dein Gefühl, welche leidenschaftlichen Erfahrungen du wirklich machen möchtest und welche nur aus einem inneren Mangel entstehen.

Nicht definiert/wahrnehmend ist:

- Spüre in dich hinein, wann du wirklich Lust empfindest und wann du dich in etwas hineinziehen lässt. Du spürst die Lust der anderen und möchtest auf ihren Wellen mitreiten, doch was macht dir wirklich Freude? Welche Leidenschaft möchtest du verfolgen?

Typische Situation im Alltag … wenn das Zentrum in deiner Körpergrafik …

Definiert/wirkend ist:

- Du liebst Berührungen und Romantik.
- Du bist sehr leidenschaftlich und liebst es, Dinge mit voller Hingabe anzugehen und zu erledigen.

Nicht definiert/wahrnehmend ist:

- Bevor du Ja zu einer neuen Erfahrung sagst, spürst du in dich hinein, ob es wirklich deine innere Stimme ist, die sich hier meldet, oder ob du dich von deinem Gegenüber mitreißen lässt.
- Du kannst dich von der Freude anderer begeistern lassen und freust dich mit ihnen mit.

Reflektiere für dich …

- Würdest du dich als ein:e Genießer:in bezeichnen?
- Welche Genüsse verfeinern dein Leben?
- Welche Aktivitäten kannst du mit viel Müßiggang ausführen?
- Welche SINNlichen Erfahrungen liebst du?
- Welche Körper-Sinne sind deine präferierten, um das Leben zu erfahren?

Thema: Langsamkeit

Botschaft

Gehe einen Schritt zurück!

Tagesimpuls:
Überprüfe, wann du in deinem Leben etwas hinterherjagst und ruhelos bist? Welche Dinge möchtest du erzwingen, weil du dir dadurch ein angenehmes Gefühl erhoffst? Finde wieder zu dir und schalte einen Gang zurück. Welcher innerer Mangel herrscht in dir, dass du dich so getrieben fühlst?

Unterstützende Affirmationen:

- Klarheit erreiche ich durch Abwarten.
- Ich gehe langsam und nehme bewusst wahr.
- Ich genieße das emotionale Schaufenster des Lebens.
- Ich habe keine Angst vor meinen Gefühlen.
- Die Wahrheit liegt in der Beobachtung, nicht im Impuls.
- Ich erzwinge nichts und bleibe im Vertrauen.

Die Botschaft an dich als …

Generator:in:
Deine To-Dos sind meistens lang und deine Tage sind geprägt davon, Aufgaben zu erledigen. Bist du manchmal sehr beschäftigt, um dich von Innerem abzulenken? Vertraue auf den Fluss des Lebens und darauf, dass deine emotionale Klarheit ein Prozess ist, der Achtsamkeit und Langsamkeit braucht.

manifestierende Generator:in:
Langsamkeit ist meist ein Fremdwort für dich, denn wenn deine Energie bereit ist, dann hält dich niemand mehr auf. Doch gewisse Dinge können nicht erzwungen werden und auch du darfst immer wieder zur Ruhe kommen und das Leben fließen lassen. Hab Vertrauen und erzwinge nichts.

Manifestor:in:
Deine Energie ist initiativ und meist schnell und sehr ungebremst. Doch auch du darfst einen Gang zurückschalten und beobachten, wo du Dinge erzwingst, anstatt zu vertrauen, dass dein Verständnis der Emotionen etwas Zeit braucht.

Projektor:in:
Langsamkeit ist ein Wort, welches deine Energie ausmacht. Das bedeutet nicht, dass du zu langsam wärst, sondern dass du in dir ein Bewusstsein verankert hast, welches weiß, dass emotionale Gewissheit nicht erzwungen werden kann.

Reflektor:in:
Du bist eingeladen, deine Reflexionen mit Bedacht zu äußern. Die Langsamkeit hilft dir, dass Menschen dich verstehen und dir zuhören, da du auch ihr Tempo und ihre Energie achtest.

Die Botschaft an dich, wenn dein Zentrum …

Definiert/wirkend ist:

- Übereile nichts und vertraue auf deine emotionale Klarheit. Du darfst dir Zeit nehmen, um Entscheidungen zu treffen. Emotionen und Gefühle können nicht erzwungen werden. Dinge übereilt zu erledigen, führt meist zur Frustration. Lass dich wie ein Segelboot auf den Wellen der Emotionen treiben und beobachte sie vom Deck aus.

Nicht definiert/wahrnehmend ist:

- Beobachte, wann du dich in deinem Leben von anderen beeinflussen lässt und dir Gefühle übergestülpt werden. Wann eilst du aus Angst, nicht dazuzugehören? Wann bist du langsam und bedacht? Und in welchen Situationen spürst du eine Klarheit auf einmal in dir?

Typische Situation im Alltag … wenn das Zentrum in deiner Körpergrafik …

Definiert/wirkend ist:

- Du fühlst dich gestresst, wenn andere spontane Entscheidungen von dir verlangen.
- Du nimmst dir bewusst Zeit, deine Emotionen zu fühlen, und wartest ihren Zyklus ab.
- Du interpretierst weder das Hoch der emotionalen Welle, noch das Tief.
- Du weißt, dass deine größte Stärke das aktive Warten, also das Vertrauen ist, dass nach den Höhen und Tiefen die Klarheit kommt.

Nicht definiert/wahrnehmend ist:

- Du fühlst dich gestresst davon, dass andere erwarten, dass du doch bitte mehr Hingabe und Emotionen zeigen sollst, und fühlst dich darin missverstanden, gerade weil du die anderen so tief in dir wahrnimmst.
- Du kannst manchmal nur sehr wenig verstehen, warum andere so lange für ihre Entscheidungen benötigen, weil du doch recht rasch weißt, ob etwas für oder nicht für dich ist.

Reflektiere für dich …

- Entscheidest du langsam oder eher schnell?
- Nimmst du dir für größere Entscheidungen viel Raum und Zeit oder lässt du dich zu Entscheidungen drängen?
- Würdest du dich als geduldig bezeichnen?
- Gibst du dir die Zeit, die du für Entscheidungen etc. brauchst?
- Betrachtest du die Dinge zu unterschiedlichen Zeitpunkten anders?
- Bereust du manchmal vorschnelle Kaufentscheidungen?
- Bist du auch mal spontan? Wann tut dir das gut?

Thema: emotionale Bewusstheit

Botschaft

Schau, welche Botschaft hinter deinem Fühlen steckt.

Tagesimpuls:

Beobachte heute dich und dein Umfeld. Welche Situationen kommen auf dich zu und wie fühlst du dich dabei? Welche Emotionen lösen dein Gegenüber, das Gesagte oder die Handlungen in dir aus? Kommt dir dieses Gefühl bekannt vor und könntest du es mit einem Satz beschreiben, wie du dich dabei fühlst? Beispiel: „In solchen Situationen fühle ich mich so, als wäre ich nichts wert."

Unterstützende Affirmationen:

- Ich sehe klar, wenn die Wellen sich beruhigt haben.
- Der Sturm offenbart die Windstille.
- Ich achte die Weisheit meiner Emotionen.
- Ich lasse mich auf das Abenteuer einer menschlichen Erfahrung ein.
- Leben, lieben und leben lassen.

- Ich weiß, dass nichts so heiß gegessen wird, wie es gekocht wird.
- Ich vertraue, dass sich die Wahrheit, die hinter den Dingen steht, sich mir in jeder Situation meines Lebens zeigt.

Die Botschaft für dich als …

Generator:in:
Nutze deine Offenheit auch deinen Gefühlen gegenüber. Was möchten sie dir wirklich sagen, welche Botschaft steckt für dich dahinter? Wenn du offenbleibst und beobachtest, zeigt sich dir ein Geschenk.

manifestierende Generator:in:
Bleibe im Moment und lasse dich nicht von vergangenen Emotionen oder Zukunftsprognosen zu unbedachten Handlungen oder Worten verführen. In deiner Präsenz liegt der wahre Schlüssel, um hinter die Emotionen zu blicken und den wahren Schatz zu erkennen.

Manifestor:in:
Reagiere gelassen und bleibe bei dir, wenn dich Emotionen aufpeitschen. Dein Gegenüber kann dich oft nicht lesen, also gehe gerne in einen liebevollen Austausch, um deine Sicht der Dinge zu erklären. So kannst du emotionales Chaos aus der Welt schaffen.

Projektor:in:
Deine Wahrnehmung hilft dir dabei, Emotionen zu beobachten und zu spüren. Bleibe im Vertrauen, dass sich die Weisheit dahinter dir bald zeigt.

Reflektor:in:
So viele Höhen und Tiefen sind um dich herum. Was nimmst du wahr, was beobachtest du? Wo lassen sich Menschen zu schnell von Emotionen steuern oder lassen Vergangenes in ihre Kommunikation miteinfließen? Welche Erkenntnisse hast du daraus gezogen?

Die Botschaft an dich, wenn dein Zentrum …

Definiert/wirkend ist:
- Durch Geduld zeigt sich die wahre Weisheit und Botschaft hinter deinen Gefühlen. Vertraue!

Nicht definiert/wahrnehmend ist:

- Suche immer wieder Räume für dich allein, um dich von Emotionen von außen zu lösen und deine eigene Energie zu spüren.

Typische Situation im Alltag ... wenn das Zentrum in deiner Körpergrafik ...

Definiert/wirkend ist:

- Du kannst andere durch Krisen und emotionales Chaos begleiten und ihnen zur Klarheit und Bewusstheit verhelfen.
- Du erkennst deine Höhen und Tiefen in dir und lässt sie frei fließen, ohne sie zu bewerten.
- Du hast Vertrauen in dir, dass sich die Weisheit hinter den Dingen mit der Zeit zeigen wird.

Nicht definiert/wahrnehmend ist:

- Du spürst die emotionalen Wellen der anderen und darfst dich davon regelmäßig lösen.
- Manchmal machen dir die großen Gefühle der anderen Angst oder lassen dich schnellstmöglich aus der Situation fliehen.
- Deine Anwesenheit kann andere noch emotionaler werden lassen.

Reflektiere für dich ...

- Sind deine Stimmungen von der Anwesenheit anderer abhängig?
- Beeinflussen dich andere Menschen in deiner emotionalen Wahrnehmung?
- Lässt du dich von den Launen in deinem Umfeld beeinflussen/anstecken?
- Welche Gefühle sind für dich willkommener als andere? Woran machst du das fest?
- Machst du andere für deine Emotionen/Gefühle verantwortlich?
- Wird dir öfters vorgeworfen, dass du „zu empfindlich“ bist?
- Welche Gefühle erlebst du am häufigsten in dir?
- Kannst du gut deine Emotionen unbewertet einfach da sein lassen?

Thema: Vergangenheit

Botschaft

Mache dir das Vergangene bewusst.

Tagesimpuls:

Achte darauf, was du heute für Impulse wahrnimmst, mit Blick auf deine Vergangenheit. Wo hältst du zu sehr fest und müsstest eigentlich loslassen? Welche vergangene Erfahrung kommt dir immer wieder in den Sinn und zeigt sich in deinem alltäglichen Leben? Was darfst du aus dieser Erfahrung noch an Weisheiten oder Stärken mitnehmen?

Unterstützende Affirmationen:

- Ich schätze meine Vergangenheit als Ausgangspunkt meines heutigen Seins.
- Weil ich war, bin ich.
- Ich achte meine Vorfahren und deren Geschichte.
- In der Reflexion der Vergangenheit liegt ein verborgener Schatz für mich.
- Ich sehe meine Geschichte als Geschenk, nicht als Last.
- Erfahrungen wollen gemacht und nicht verfolgt werden.

Die Botschaft für dich als ...

Generator:in:

Du bist Schöpfer:in und Erbauer:in deiner Welt. Nutze die Erfahrungen und Erkenntnisse deiner Ahnen und deines eigenen Lebens, um daraus zu lernen und in eine neue Richtung zu gehen.

manifestierende Generator:in:

Nutze vergangene Erfahrungen, um dich noch mehr zu spezialisieren und daraus zu lernen. Vertraue darauf, dass alles im Leben seinen Sinn hat.

Manifestor:in:

Löse dich von der Trauer, die die Vergangenheit womöglich mit sich bringt, und reflektiere, welche Bedürfnisse damals nicht erfüllt worden sind, die du heute jedoch erfüllt haben möchtest.

Projektor:in:
Reflektiere deine Vergangenheit. Wo bist du zu eilig in neue Dinge geschlittert, anstatt auf eine Einladung zu warten? Vertraue darauf, dass ab sofort alles im Leben auf dich zukommt, was für dich bestimmt ist.

Reflektor:in:
Schau dir die Vergangenheit an. Welche Wertungen, Handlungen oder Worte haben zu einem Chaos oder zur Zerstörung geführt? Bleibe stets wertungsfrei und teile deine gewonnenen Weisheiten aus der Vergangenheit mit deinem Umfeld.

Die Botschaft an dich, wenn dein Zentrum ...

Definiert/wirkend ist:
- Erkenne die tiefe Weisheit aus der Vergangenheit und der Geschichte.

Nicht definiert-/wahrnehmend ist:
- Spüre die tiefe Verbundenheit mit deiner Ahnenlinie und allen Gefühlen, die jemals hier empfunden wurden. Spüre, welche Höhen und Tiefen hier durchlebt worden sind.

Typische Situation im Alltag ... wenn das Zentrum in deiner Körpergrafik ...

Definiert/wirkend ist:
- Du hast einen ständigen Drang nach neuen Erfahrungen und handelst oft übereilt.
- Du kannst die Höhen und Tiefen deiner Ahnenlinie und ihren Erlebnissen verstehen und nachempfinden.

Nicht definiert-/wahrnehmend ist:
- Du übernimmst vielleicht unbewusst Schmerz und innere Wunden aus deiner Vergangenheit und handelst heute unbewusst daraus.
- Du spürst die emotionalen Wellen der anderen intensiv, kannst sie aber wieder loslassen und deine eigene Erkenntnis daraus ziehen.

Reflektiere für dich ..
- Wann und wie reflektierst du am liebsten über vergangene Erfahrungen?
- Welches Geschenk liegt für dich in einer Erfahrung?

- Kannst du dich den Höhen UND Tiefen des Lebens öffnen?
- Welchen tiefen Schmerz aus deiner Vergangenheit trägst du noch in dir?
- In welchem Bewusstsein kannst du heute auf deine Kindheit schauen?
- Was verhilft dir einen noch liebevolleren Blickwinkel auf die schlimmste Erfahrung deines Lebens zu nehmen?
- Welche Ereignisse haben dich FÜLLE gelehrt?

Ego/Willenskraftzentrum

Thema: Familie

Botschaft
Nimm Kontakt mit deiner Familie auf!

Tagesimpuls:
Nimm wahr, in welchen Beziehungen du dich aufopferst und zu kurz kommst. Achte darauf, in Interaktionen mit deinem Gegenüber nicht in eine Vater- oder Mutterrolle zu schlüpfen und dich mit deiner Fürsorge ausnutzen zu lassen. Wann darfst du in Kontakt mit anderen Grenzen setzen, wann darfst du mehr auf das Erfüllen deiner Bedürfnisse nach Unterstützung, Liebe, Nähe oder Ruhe achten?

Unterstützende Affirmationen:

- Ich finde in mir Heimat.
- Familie ist Freiheit, nicht Pflicht.
- Ich bewahre mir die Freuden meiner Kindheit.
- Ich bin meine eigene Autorität.
- Ich entscheide, wem oder was ich gegenüber loyal bin.
- Ich bin offen für meine Gemeinschaft.
- Zusammen-Arbeit darf auch Zusammen-Sein bedeuten.

Die Botschaft für dich als ...

Generator:in:
Durch deine offene und umhüllende Art fühlt sich deine Präsenz wie eine wohlige Kuscheldecke für andere an. Du erschaffst befriedigende Gemeinschaften und sorgst für ein harmonisches Miteinander.

Manifestierende Generator:in:
Durch deine mitreißende Art kannst du Menschen innerhalb deiner Gemeinschaft bewegen bzw. liebst es, für deine Gemeinschaft da zu sein und deine Energie einzusetzen.

Manifestor:in:
Mit deinem kraftvollen Wesen schaffst du es, Erneuerungen in deine Gemeinschaft zu bringen. Du setzt neue Impulse und beschützt sie durch rechtzeitige Veränderungen oder Anpassungen.

Projektor:in:
Dank deines Feingefühls erkennst du die Potenziale innerhalb deines Familiensystems und kannst deine Gemeinschaft empathisch zum Ziel führen. Innerhalb der Familie eignet sich deine Energie zum Koordinieren der Ressourcen.

Reflektor:in:
Nimm wahr, welche Dinge in deinem Familiensystem sehr gut laufen und welche nicht. Beobachte, welche Bedürfnisse einzelne Personen innerhalb einer Familie haben und wie sie diese zum Ausdruck bringen. Teile deine Wahrnehmungen mit deinem Umfeld, um ihnen so bei der Weiterentwicklung und Wahrnehmung zu helfen.

Die Botschaft an dich, wenn dein Zentrum …

Definiert/wirkend ist:

- Du bist eine fürsorgliche und einfühlsame Person für deine Gemeinschaft. Deine Familie weiß, dass sie auf dich zählen kann.

Nicht definiert/wahrnehmend ist:

- Du nimmst deine Gemeinschaft sehr stark wahr und erkennst, wenn sich Menschen aufopfern und ihre Energie ausbrennt. Du schützt deine Familie, indem du erkennst, auf welche Menschen man sich verlassen kann und bei wem es sich nur um leere Versprechungen handelt.

Typische Situation im Alltag … wenn das Zentrum in deiner Körpergrafik …

Definiert/wirkend ist:

- Du arbeitest für deine Familie und möchtest, dass deine Familienmitglieder versorgt sind und sich wohlfühlen.
- Du achtest in einer Gemeinschaft darauf, dass alle sich an die Regeln und Werte halten, damit ein harmonisches Miteinander stattfinden kann.
- Du wirst wütend oder bekommst Probleme mit dem Magen, wenn sich deine Gemeinschaft nicht an die Vereinbarungen hält.

Nicht definiert/wahrnehmend ist:

- Du bleibst offen für Veränderungen innerhalb deiner Familie, ohne dich dabei selbst unter Druck zu setzen oder setzen zu lassen, mithalten zu müssen.
- Du bist achtsam und geduldig mit anderen Familienmitgliedern und respektierst deine eigene Energie, indem du keine Abmachungen eingehst und leere Versprechungen gibst. Du weißt, dass du nicht ständig für andere arbeiten musst, wenn deine Energie/dein Gefühl es nicht zulässt.

Reflektiere für dich …

- Wer oder was ist für dich wie Familie?
- Welche Ressourcen stehen deiner (Herkunfts-)Familie zur Verfügung?
- Wie wichtig sind dir Gemeinschaften?
- Welche Regeln und Grundsätze schätzt du in diesen?
- Würdest du dich als loyal bezeichnen?
- Was kannst du gut bewahren?
- In welchen Bereichen deines Lebens erlebst du dich als traditionell?
- Wie stehst du zu Hierarchien?
- Kannst du dich gut unterordnen? Wann fällt dir das leichter? Wann schwerer?

Thema: Materie

Botschaft

Liebe das materielle Leben!

Tagesimpuls:

Wo spürst du derzeit eine Blockade in deiner materiellen Fülle? Erkennst du alle Geschenke, die das Leben zu dir trägt? Achte heute auf Momente, in denen du materielle Fülle erhältst oder genießen darfst. Wie fühlst du dich dabei? Kannst du dich hingebungsvoll dafür öffnen und diese genießen?

Unterstützende Affirmationen:

- Ich schütze meine Ressourcen und erlaube mir, Bedingungen zu stellen.

- Mein Umfeld darf meine Arbeit schätzen, damit ich in voller Blüte strahle. Wertschätzung ist sehr wichtig für mich.
- Ich erspüre die Materie des Lebens mit allen Sinnen.
- Ich erlaube mir Freude am materiellen Dasein zu haben.
- Energie schafft Materie. Materie ist verkörperte Energie.
- Heute bin ich stolz, auf all das, was ich erreicht habe.

Die Botschaft an dich als …

Generator:in:

Materielle Fülle ist Energie. Du selbst bist Schöpfer:in deiner Welt und entscheidest, wofür du deine Energie wirklich einsetzen willst. In befriedigenden Kooperationen entfaltet sich deine Schöpferkraft am besten.

manifestierende Generator:in:

Bleibe offen für Kooperationen und empfange die Fülle in deinem Tun. Deine Energie manifestiert sich am besten in Handlungen, also in der Umsetzung von Dingen.

Manifestor:in:

Durch deine initiative Energie bringst du transformierende Veränderungen in die Welt. Indem du dein Umfeld vorab über dein Vorgehen informierst, können deine Mitmenschen dich begleiten und materielle Fülle kann generiert werden.

Projektor:in:

Du hast die Gabe, Menschen und Systeme erfolgreich werden zu lassen. Indem du andere empathisch zu ihrem Ziel führst, bekommst du Anerkennung und materielle Fülle.

Reflektor:in:

Bleibe offen und wahrnehmend für die Ziele anderer und beobachte diese von allen Seiten. Deine Wahrnehmung und Beobachtung mit anderen respektvoll zu teilen, bringt dir immer wieder eine wohlwollende Überraschung.

Die Botschaft an dich, wenn dein Zentrum …

Definiert/wirkend ist:

- Du darfst dir klare Ziele setzen und deine Energie engagiert für die Dinge einsetzen, die sich für dich sinnvoll anfühlen. Andere

Menschen wissen, dass klare Vereinbarungen und Abmachungen von dir eingehalten werden, und schätzen diese Eigenschaft an dir. Für materielle Fülle ist es wichtig, dass du dir nach getaner Arbeit immer wieder Ruhe, Pause und Belohnungen gönnst.

Nicht definiert/wahrnehmend ist:

- Du erkennst, welche Menschen ihr Versprechen halten und bei wem es sich nur um leere Worte handelt. Du kannst mit Menschen zusammenarbeiten, ohne Versprechungen eingehen zu müssen.

Typische Situation im Alltag … wenn das Zentrum in deiner Körpergrafik …

Definiert/wirkend ist:

- Du kennst deinen eigenen Wert und kannst diesen auch zum Ausdruck bringen bzw. Dinge für dich einfordern.
- Du genießt materielle Dinge ohne Gier, Scham- oder Schuldgefühl. Du gönnst dir und anderen immer wieder Dinge, die deren Herz erfreuen.
- Du erkennst den Wert der anderen und kannst diesen auch zum Ausdruck bringen.

Nicht definiert/wahrnehmend ist:

Du hast den Glauben fest in dir verankert, dass du dich nicht beweisen musst und trotzdem wertvoll bist.

- Du bleibst offen für materielle Fülle, erzwingst diese aber nicht.
- Du gehst wertschätzend mit deinen Ressourcen um und kompensierst damit keinen inneren Mangel.

Reflektiere für dich …

- Was ist MATERIE für dich und was nicht?
- Kannst du Höchstleistung bringen, auch wenn die monetäre Anerkennung nicht stimmt?
- Was denkst du über Geld?
- Wie erlebst du finanziellen Mangel?
- Wie fühlst du dich im finanziellen Überfluss?
- Welchen Wert bemisst du den Dingen bei, die wenig kosten?
- Wann hat etwas Wert für dich?

Thema: Ziele

Botschaft
Setze dir wieder Ziele!

Tagesimpuls:
Hinterfrage heute deine gesetzten Ziele. Wo hast du zu hohe Ansprüche an dich oder deine Umgebung? Wo darfst du dir noch Ziele setzen? Welche Rahmenbedingungen braucht es, damit du deine Ziele in deiner Energie und deinen Rhythmus erreichen kannst?

Unterstützende Affirmationen:

- Ich spanne meinen Bogen. Der Pfeil kennt das Ziel.
- Ziele dürfen mich motivieren, nicht versklaven.
- Ich erlaube mir, mich durch Ziele auszurichten, doch bleibe offen für das Ergebnis.
- Ich sehe Ziele als Intention.
- Eine Absicht setzt meine Welt in Bewegung.
- Es soll sein, was geschehen will.
- Ich bin gerne erfolgreich – erfolgreich SEIN!

Die Botschaft an dich als …

Generator:in:
Klare Ziele helfen dir, fokussiert zu bleiben, um dann den Prozess völlig zu genießen. Überprüfe regelmäßig, ob du gerade deine Ziele oder die Ziele eines anderen verfolgst und setze gegebenenfalls Grenzen.

manifestierende Generator:in:
Mit deiner Schaffenskraft und Schnelligkeit verlierst du ab und zu das Ziel vor Augen. Schaffe dir immer wieder Möglichkeiten und einen Raum, um deine Handlungen zu überprüfen und deine Schritte zu reflektieren. Gerne kannst du hierbei auch die Unterstützung von anderen in Anspruch nehmen. Setze dir klare Ziele und schaue, wie du sie am schnellsten erreichen kannst, und dann hab Spaß dabei.

Manifestor:in:
Du darfst deine Ziele mit anderen teilen und sie zur Unterstützung einladen. Schritt für Schritt kommt ihr eurem Ziel näher und jeder bekommt genügend Raum und Anerkennung für seine Mithilfe.

Projektor:in:

Du darfst klare Richtlinien und Rahmenbedingungen für dich und dein Umfeld schaffen, damit Ziele in der jeweiligen Energie sowie mit den jeweiligen Ressourcen erreicht werden können.

Reflektor:in:

Beobachte deine Umgebung. Wobei brauchen sie noch Unterstützung, um ihre Ziele zu erreichen? Sind die Ziele überhaupt noch die richtigen? Welche Strategien funktionieren sehr gut und wo hapert es noch?

Die Botschaft an dich, wenn dein Zentrum …

Definiert/wirkend ist:

- Ziele motivieren dich, und du hast das Durchhaltevermögen, sie auch wirklich erreichen zu können und zu wollen.
- Das Erreichen von Zielen bringt dir Ergebnisse, die dich materiell entlohnen.

Nicht definiert/wahrnehmend ist:

- Auch du kannst Ziele haben, doch bleibe offen dafür, diese in Art und Ausmaß anzupassen oder gar eine ganz neue Richtung einzuschlagen.
- Beobachte, welchen Zielen im Außen du dich anschließen magst und zu wessen Realisierung du beitragen magst.

Typische Situation im Alltag … wenn das Zentrum in deiner Körpergrafik …

Definiert/wirkend ist:

- Du kennst deine Ziele und verspürst den Antrieb, diese umzusetzen.
- Du lässt dir nicht gerne von anderen sagen, was du tun sollst.
- Du kannst andere dazu motivieren, dir bei der Umsetzung deines Ziels zu helfen, und siehst, wer welche Kraft dafür einsetzen kann.
- Du handelst zu schnell und zäh, weil du den inneren Druck verspürst, erfolgreich zu sein.

Nicht definiert/wahrnehmend ist:

- Du setzt dir manchmal Ziele und spürst dann, dass du keinen Antrieb zur Erfüllung dieser hast.
- Du fühlst dich manchmal „faul und antriebslos", wenn du dich mit deinem Umfeld vergleichst.

- Du weißt, dass du manchmal Energie hast, Dinge umzusetzen und dich an dein Ziel zu halten, es jedoch auch Tage gibt, an denen man ausruhen darf.
- Du spürst, wer sich falsche Ziele setzt und zu sehr aus einem inneren Druck handelt.

Reflektiere für dich ...
- Motivieren dich Ziele?
- Musst du deine Ziele erreichen?
- Was passiert, wenn du sie nicht erreichst?
- Was ist für dich der Unterschied zwischen VISION, ZIEL und ORIENTIERUNG?
- Kennst du Missgunst und Neid? In welchem Lebensbereichen begegnen dir diese mehr oder weniger?

Thema: Durchsetzungsvermögen

Botschaft

Es lohnt sich für dich, dranzubleiben.

Tagesimpuls:

Du darfst heute mutiger werden und lernen, dich mehr und mehr durchzusetzen bei Dingen, bei denen du viel zu lange nachgegeben hast, um des Friedens willen. Du kannst empathisch bleiben und dich trotzdem durchsetzen, wenn es um deine eigenen Grenzen und Werte geht. Versuche, eine Balance zu finden, die dir guttut, und bleibe auf deinem Weg.

Unterstützende Affirmationen:
- Ich setze meine Bedürfnisse durch.
- Ich kann, muss mich aber nicht immer durchsetzen.
- Ich gehe zurück und nehme Anlauf.
- Ich erlaube mir, Wünsche zu haben.
- Mein Wollen will überleben.
- Ich bin voller Mut und bleibe stark.
- Indem ich Kontrolle loslasse, habe ich Kontrolle über das Loslassen der Kontrolle.
- Ich vergebe mir meine Fehler und nutze sie, um mit Erfahrung beizutragen.

- Ich gehe einen Schritt auf dich zu.
- Ich bin ein wertvolles Wesen, unabhängig von Erfolg.

Die Botschaft an dich als …

Generator:in:

Du darfst aus dem People-Pleasing-Modus raus, in dem du es allen versuchst, recht zu machen. Nun ist es an der Zeit, deine Wünsche und Bedürfnisse zu erfüllen. Achte auf deine Energie und gehe die Schritte, die du zur Erfüllung deiner Ziele brauchst, in deinem Tempo.

manifestierende Generator:in:

Deine gewünschten Ergebnisse werden folgen, sofern du dranbleibst und deiner Passion beharrlich folgst.

Manifestor:in:

„Wähle deine Kämpfe weise" – es ist ein Akt der Selbstliebe, dich nicht in etwas zu verkrampfen. Wo willst und musst du dich wirklich durchsetzen, weil es dir und der Sache, für die du einstehst, mehr (inneren) Frieden als Erschöpfung verhofft?

Projektor:in:

Deine mentale Wachheit hilft dir dabei, die richtigen Einladungen des Lebens zu erkennen, um sie dann für dich zu nutzen und deinem Ziel näherzukommen.

Reflektor:in:

Dein Umfeld spiegelt eine Menge an Themen rund um Wünsche und materielle Bedürfnisse. Erkennst du, wer sein Durchsetzungsvermögen dafür verwendet, seine Ziele zu erreichen? Wer setzt sich bereitwillig auch für die Durchsetzung der Ziele einer Gemeinschaft ein? Siehst du, wer sich noch nicht traut, in die Umsetzung zu kommen und seinen Wert untergräbt? Welche Muster kannst du hier beobachten?

Die Botschaft an dich, wenn dein Zentrum …

Definiert/wirkend ist:

- Setze dir klare Ziele und informiere dein Umfeld darüber. Du kannst andere Menschen dazu inspirieren und antreiben, wieder Wünsche zu haben und diese auch zu erreichen.

Nicht definiert/wahrnehmend ist:

- Durch dein Umfeld bekommst du den notwendigen Energieschub, Dinge zu erreichen und in Aktion zu gehen. Du darfst jedoch lernen, dich nicht zu Dingen zu verpflichten, sondern immer wieder auf deine Energie und Bedürfnisse zu achten.

Typische Situation im Alltag ... wenn das Zentrum in deiner Körpergrafik ...

Definiert/wirkend ist:

- Du hast klare Ziele bzw. Wünsche, die du umsetzen willst, und reagierst womöglich leicht aggressiv, wenn du das Gefühl hast, jemand will dir diese ausreden.
- Du darfst deinen Wert kennen und ihn stärken.
- Du möchtest eine Belohnung oder Entlohnung für getane Arbeit.
- Du bist mutig und hast den Antrieb, Dinge erreichen zu wollen.

Nicht definiert/wahrnehmend ist:

- Du setzt dir womöglich Ziele, die du dann gar nicht erreichen kannst oder für die dir auf einmal die notwendige Energie fehlt.
- Du weißt, dass im Leben alles möglich ist und du keine ständige Antriebskraft brauchst, um nach vornezukommen.
- Dein Wert wird nicht durch Leistung und Umsetzung definiert.
- Du ruhst in dir und musst niemandem etwas beweisen.

Reflektiere für dich ...

- Welche Niederlagen hast du in deinem Leben erfahren und wie bist du damit umgegangen?
- Würdest du dich als kritikfähig bezeichnen?
- Erwartest du von anderen, dass sie ihre Abmachungen einhalten?
- Welche Kunststücke hast du in deinem Leben bereits vollbracht?
- Findest du, dass Wettbewerb schadet? Worin liegen im Wettbewerb Vorteile in deinen Augen?
- Empfindest du dich als diszipliniert? Und tut dir das gut?
- Kannst du etwas richtig lange durchhalten und verbissen etwas um- oder durchsetzen? Willst du das überhaupt?
- Fällt es dir leicht zu wissen, was du willst?

Thema: WIR vs. ICH

Botschaft

Anerkenne deine Beiträge und wertschätze auch die der anderen.

Tagesimpuls:

Alles in unserem Leben erfüllt einen Sinn und Zweck und hat eine bestimmte Aufgabe. Wir fangen an, uns über unsere „Nützlichkeit" und unser Können zu definieren. Doch sicherlich kennst du den Spruch von Albert Einstein: „Wenn du den Fisch danach beurteilst, ob er auf einen Baum klettern kann, wird er sein ganzes Leben glauben, dass er dumm ist." Wann verurteilst du dich und andere gerade selbst? Nach welchen inneren Maßstäben richtest du? Möchtest du weiterhin an dieser schweren Energie festhalten oder lässt du heute los und lädst Wertschätzung und Leichtigkeit in dein Leben ein?

Unterstützende Affirmationen:

- Ich sehe meinen Beitrag durch den der anderen.
- Ich anerkenne mich, indem ich dich anerkenne.
- Mein ICH bleibt im WIR bestehen.
- Ich nutze das WIR als Dach für mein ICH.
- Ich trage immer bei. Meine Präsenz ist ein Beitrag.
- Gemeinsam mehr erreichen.

Die Botschaft an dich als ...

Generator:in:

Wertschätzung wird dir entgegengebracht, indem du deiner Freude folgst, Genuss am Prozess hast und ein wertschätzendes Miteinander schaffst.

manifestierende Generator:in:

Bleibe offen und setze klare Grenzen, um deine Energie in Dinge einzusetzen, die dir Spaß machen. Gestehe dies auch deinem Gegenüber zu und erkenne seine erbrachte Leistung an. So kommt ein wertschätzender Austausch zustande.

Manifestor:in:

Indem du wahrnimmst, wen deine Vorhaben betreffen, du diese darüber informierst und keinen Druck auf andere ausübst, wird dir früher oder später Wertschätzung entgegengebracht.

Projektor:in:
Mit dem Vertrauen, dass es in erster Linie nicht um dich geht, sondern darum, deine Fähigkeiten für andere einzusetzen, empfängst du Wertschätzung.

Reflektor:in:
Wertschätzung wird dir entgegengebracht, indem du dich vom Glauben löst, dass du eine fixe Rolle oder einen fixen Platz in der Welt brauchst.

Die Botschaft an dich, wenn dein Zentrum …

Definiert/wirkend ist:
- Du kennst deinen Wert und den der anderen und weißt, wie man diese Wertschätzung zum Ausdruck bringen kann.

Nicht definiert/wahrnehmend ist:
- Erlerne, den Wert von Menschen und Dingen zu sehen. Beobachte, wer in deinem Umfeld dich dabei unterstützen kann, deinen eigenen Wert zu erkennen.

Typische Situation im Alltag … wenn das Zentrum in deiner Körpergrafik …

Definiert/wirkend ist:
- Du kennst deinen eigenen Wert und den der anderen und weißt auch, wie du diesen zeigen kannst.
- Deine Deals sind fair und wertschätzend dir selbst und anderen gegenüber. Dabei achtest du sowohl auf eure Energie, Kraft als auch Bedürfnisse.

Nicht definiert/wahrnehmend ist:
- Du hast eine innere Vertrautheit in dir, dass es völlig normal ist, wenn du an manchen Tagen weniger Selbstwert empfindest als an anderen. Du lässt diese Energie ganz beruhigt fließen.
- Du bist liebevoll zu dir und erlernst spielerisch, den Wert von Dingen im Leben zu erkennen.

Reflektiere für dich …

- Machst du dein Ding oder orientierst du dich an anderen?
- Wofür lohnt es sich zu kämpfen?
- Was macht Lob mit dir?
- Kannst du Komplimente annehmen?
- Siehst du, was andere beitragen?
- Anerkennst du den Wert eines Beitrags von jemand anderen?
- Wie wichtig ist dir, dass du mit deinem Wollen gesehen wirst?

G/Identitätszentrum

Thema: Richtung

Botschaft

Werde dir deiner (Aus-) Richtung bewusst!

Tagesimpuls:

Suchst du noch krampfhaft nach deiner Richtung und deinem Weg? Dann lasse los! Überprüfe, ob du das richtige Umfeld um dich hast, und dann geh Schritt für Schritt auf die Reise zu deinem Inneren. Deine Richtung ist bereits in dir - mache nun die ersten Schritte und lass dich nicht aufhalten.

Unterstützende Affirmationen:

- Ich richte mich neu aus.
- Ich spüre, wohin es für mich geht.
- Verbunden. Eins. Ewig.
- Ich kann anderen Halt und Orientierung geben.
- Ich ziehe die für mich richtigen Gelegenheiten in mein Leben.
- Ich erwarte von anderen nicht, dass sie die gleiche Ausrichtung haben wie ich im Leben.
- Ich kenne und vertraue meinem Weg.

Die Botschaft an dich als ...

Generator:in:

Du bist dein:e Schöpfer:in und Erbauer:in deiner ganz eigenen Realität. Du darfst jeden Tag einen weiteren Schritt in die Richtung gehen, die dir Genuss und Freude ins Leben bringt.

manifestierende Generator:in:

Du spürst deine Richtung in dir, wenn du voller Freude und Ekstase Spaß hast bei dem, was du tust. Folge ihr!

Manifestor:in:

In dir schlummert eine ganz eigene individuelle Richtung, die eine große Auswirkung auf dein Umfeld hat. Du darfst liebevoll dein Umfeld informieren, bevor du etwas umsetzt, um keinen Gegenwind zu bekommen.

Projektor:in:
Durch deine Weitsichtigkeit erkennst du womöglich den richtigen Weg bzw. die Richtung schon vor allen anderen. Nutze diese Gabe und führe dein Umfeld in die für sie richtige Richtung.

Reflektor:in:
Was beobachtest du in deinem Umfeld? Warum fehlt einigen Menschen das Vertrauen und der Mut, die für sie richtige Richtung einzuschlagen? Was hält Menschen auf, sich neu auszurichten?

Die Botschaft an dich, wenn dein Zentrum …

Definiert/wirkend ist:

- Dein Umfeld erkennt in dir eine Person, die ihre Richtung kennt und sich im Außen verwirklicht. Du weißt meist ganz genau, wohin du nicht möchtest, und spürst deine innere Ausrichtung. Damit kannst du bei anderen eine Art Richtungsgeber:in sein.

Nicht definiert/wahrnehmend ist:

- Dein Umfeld wirkt sich stark auf deine Richtung aus. Du bist wandelbar und kannst in unterschiedliche Rollen hineinschlüpfen und sie verkörpern, solange es dir Spaß macht.

Typische Situation im Alltag … wenn das Zentrum in deiner Körpergrafik …

Definiert/wirkend ist:

- Du weißt genau, in welche Richtung du nicht willst, und spürst deine innere Richtung stark in dir.
- Es kann sein, dass du krampfhaft nach deiner Richtung suchst und damit deine ganze Energie blockierst.
- Andere bewundern dich oft für deine Ausrichtung und deinen Weg. Du kannst ihnen dabei helfen, ihren eigenen Weg zu finden oder dich auf deinem zu begleiten.

Nicht definiert/wahrnehmend ist:

- Du bist wandelbar und hast unterschiedliche Rollen, je nachdem, mit welchen Menschen du dich umgibst. Diese Wandelbarkeit macht dir Spaß.

- Du hast nicht eine klare Richtung oder einen klaren Weg vor dir, sondern bleibst so lange bei einer Richtung, einer Rolle, wie sie dir Spaß macht und sich richtig anfühlt.

Reflektiere für dich …
- Bist du am für dich richtigen Ort?
- Nährt dein Umfeld dich?
- Wie findest du wieder zu deiner (Aus-)Richtung?
- Was verleiht dir gegenwärtig Orientierung?
- Was oder wen ziehst du immer wieder an in deinem Leben?
- Kannst du spüren, welche Sehnsüchte andere haben?
- Versuchst du dich mit einer Sache vollkommen zu identifizieren, nur um endlich mehr Orientierung zu haben?
- Erlaubst du dir ungeplante Richtungswechsel?
- Wie beschreibst du dein Umfeld?

Thema: bedingungslose Liebe

Botschaft
Knüpfe keine Bedingungen an Liebe.

Tagesimpuls:
Beobachte heute die Liebe, die dir entgegengebracht wird. Wie ist ihre Beschaffenheit? Musst du etwas dafür leisten? Erwartet jemand etwas von dir? Wie ist es umgekehrt? Achte auf deine Handlungen und welche versteckte Botschaft du damit an dein Gegenüber ausstrahlst.

Unterstützende Affirmationen:
- Liebe ist zeitlos.
- Liebe ist grenzenlos.
- Liebe ist bedingungslos.
- Liebe ist.
- Ich bin Liebe.
- Ich muss mich nicht beweisen, um geliebt zu werden.
- Liebe ist kein Zustand. Liebe ist ein Raum.
- Je mehr ich mit mir verbunden bin, desto liebender werde ich.
- Die Liebe, die ich von anderen erwarte, schenke ich mir selbst.
- Ich entscheide mich bewusst in jeder Situation für bedingungslose Liebe.

- Ich schenke bedingungslose Liebe und bedingungslose Liebe wird mir geschenkt.

Die Botschaft an dich als ...

Generator:in:
Bedingungslose Liebe ist für dich sehr wichtig. Du darfst Liebe nicht daran knüpfen, wie sehr sich ein anderer Mensch engagiert oder einsetzt. Liebe aus vollem Herzen - ohne Bedingungen.

manifestierende Generator:in:
Liebe darf bei dir frei sein und sollte nicht an Leistung geknüpft werden. Öffne dein Herz für alles Freudige im Leben.

Manifestor:in:
Bedingungslose Liebe darf auch bei dir selbst anfangen. Liebe dich und andere, ohne Erwartungen an sie zu haben.

Projektor:in:
Deine Liebe trägt eine gewisse Leichtigkeit in sich. Erwarte dir keine Anerkennung von deinem Gegenüber für deine Liebe oder Leistungen. Bleibe stets offen und einfühlsam.

Reflektor:in:
Gibt es bedingungslose Liebe überhaupt? Wie nimmst du Liebe in deinem Umfeld wahr? Wann und warum knüpfen Menschen Bedingungen und gewisse Erwartungen an die Liebe? Welche Unterschiede gibt es zwischen der Liebe für ein Kind und der Liebe zu den eigenen Eltern oder der:m Partner:in?

Die Botschaft an dich, wenn dein Zentrum ...

Definiert/wirkend ist:
- Du bist dafür da, Liebe zu geben und wie ein heller Stern für andere zu leuchten, indem du mit bedingungsloser Liebe deinen Weg gehst.

Nicht definiert/wahrnehmend ist:
- Achte auf deine Umgebung und wie du dich in ihr fühlst. Ist bedingungslose Liebe ein Wert deines Umfelds? Achte auf dein Bauchgefühl.

Typische Situation im Alltag ... wenn das Zentrum in deiner Körpergrafik ...

Definiert/wirkend ist:
- Du spürst bedingungslose Liebe für Menschen, aber auch generell zum Leben und der Natur.
- Du hast eine individuelle Art und Weise, wie du anderen deine Liebe zeigst.

Nicht definiert/wahrnehmend ist:
- Du fühlst dich manchmal wie ein verlorenes Kätzchen und suchst nach Richtung und Liebe.
- Du darfst die unterschiedlichsten Arten und Formen von bedingungsloser Liebe erforschen und erspüren.

Reflektiere für dich ...
- Was ist LIEBE für dich?
- Worin drückt sich Liebe für dich aus?
- Welchen Akt der Selbstliebe kannst du heute vollziehen?
- Wie verhältst du dich dir gegenüber?
- Wie unterscheidet sich dein Verhalten dir und anderen gegenüber?
- Was tust du alles, um dich geliebt und dazugehörig zu fühlen?
- Mit wem oder was fühlst du dich vollends verbunden?

Thema: Raum & Zeit

Botschaft
Öffne dich für deine wahre Essenz, die zeitlos ist.

Tagesimpuls:
Gibst und nimmst du dir die Zeit, die du brauchst, um deinen Weg zu gehen? Bist du zu oft mit den Aufgaben und Dingen der anderen beschäftigt, um dich von deinem Inneren abzulenken? Tue heute etwas, was dich auf deinen eigenen Weg unterstützt und weiterbringt.

Unterstützende Affirmationen:
- Meine Vergangenheit bestimmt nicht meine Zukunft.

- Meine Zukunft ist meine Gegenwart.
- Ich erlaube mir, frei von zeitlichen Barrieren zu denken.
- Ich blicke hinter den Vorhang der Zeit und sehe den Raum der Unendlichkeit.
- Ich bin frei von zeitlichen Hürden.
- Ich habe immer genug Zeit, mich zu entfalten.

Die Botschaft an dich als ...

Generator:in:

Für dich spielt die Zeit eine wichtige Rolle, denn du darfst auf Impulse von außen reagieren und dir Zeit nehmen, wirklich in dich zu spüren und zu erkennen, ob du diesen Weg gehen möchtest oder nicht.

manifestierende Generator:in:

Ähnlich wie bei Generator:innen ist Zeit ein wichtiger Faktor bei dir. Du neigst zur effizienten Schnelligkeit, doch merkst oft auf dem Weg, dass dir etwas doch keinen Spaß mehr macht. Schaffe diesen Raum in dir, in dem es ok ist, wenn du ein Ziel nicht bis zum Ende verfolgst, sondern solange es dir Spaß macht.

Manifestor:in:

Wenn du anderen Raum und Zeit gibst, werden deine Worte erhört und Menschen werden dir folgen.

Projektor:in:

Für dich ist der richtige Raum sowie der richtige Platz genauso wichtig wie die Zeit. Du darfst dir Zeit lassen, deine richtige Umgebung zu finden - Menschen, bei denen du dich wohl und gesehen fühlst.

Reflektor:in:

Welche Räume dürfen geschaffen werden, um Menschen auf den Weg zu ihrer Identität zu begleiten? Wieso stecken so viele in einem Alltag fest, der sie nicht vollkommen befriedigt? Welchen Zusammenhang erkennst du hier zwischen Raum und Zeit?

Die Botschaft an dich, wenn dein Zentrum ...

Definiert/wirkend ist:

- Gib dir selbst den Raum und die Zeit, um nachzudenken und zu verarbeiten.

Nicht definiert/wahrnehmend ist:

- Nimm dir Zeit, zu spüren, ob die Dinge, mit denen du dich umgibst, wirklich deiner Natur entsprechen und dich faszinieren.

Typische Situation im Alltag … wenn das Zentrum in deiner Körpergrafik …

Definiert/wirkend ist:

- Du weißt, dass es manchmal Zeit braucht, bis man seine Richtung gefunden hat.
- Du kannst anderen den Raum öffnen, indem sie sich und ihren Weg finden können.

Nicht definiert/wahrnehmend ist:

- Deine Identität (Sprache, Aussehen, Verhalten etc.) ist wandelbar und ändert sich mit der Zeit und der Umgebung.

Reflektiere für dich …

- Wer möchtest du gewesen sein?
- Welchen Rahmen möchtest du deinem Leben im Antlitz des Todes geben?
- Möchtest du gerne in einer Aufgabe/Rolle/Funktion „ankommen"?
- Was waren die drei prägendsten Momente, die deine Richtung im Leben nachhaltig beeinflusst haben?
- Woher weißt du, dass du auf dem für dich richtigen Weg bist?

Thema: höheres Selbst

Botschaft

Verbinde dich mit deinem ewigen höheren Selbst.

Tagesimpuls:

Hast du dich heute schon mit deiner wahren Essenz verbunden? Manchmal schweifen wir im Leben von unserem wahren Ursprung ab und verwirren uns selbst. Ablenkungen sind meist Auslöser Nummer eins, um unsere wahre innere Stimme zu verlieren. Verbinde dich heute bewusst mit deinem höheren Selbst und spüre, welche Botschaft auf dich wartet. Es reicht schon, wenn du nur die Intention setzt.

Unterstützende Affirmationen:

- Ich bin alt und weise sowie jung und frisch.
- Ich lerne von mir.
- Ich gehe über mich hinaus.
- Ich öffne mich für die Botschaften meines allwissenden Seelenkerns.
- Jede Begegnung lehrt mich, zu mir selbst zu finden.
- Ich folge meiner inneren Weisheit.
- Ich verbinde mich mit meiner wahren Essenz.
- Ich spüre, was für mich echt und authentisch ist.

Die Botschaft an dich als ...

Generator:in:

Wenn du deine wahre Essenz lebst, dann liebst du die Dinge, die du tust, auch wenn sie noch so klein und bedeutungslos erscheinen. Du lauschst deiner inneren Stimme, denn sie zeigt dir deine wahre Aufgabe im Leben. Du bist Schöpfer:in und Erbauer:in von wundervollen Dingen. Welche höhere Bestimmung mag wohl für dich vorhergesehen sein? Erkennst du sie?

manifestierende Generator:in:

Du bist hier, um dich zu spezialisieren und Dinge zu erschaffen, die dir Spaß bereiten. Deine wahre Essenz offenbart sich dir, wenn du geduldig auf Impulse von außen wartest und dann reagierst. Lass dich überraschen, wohin das Leben dich trägt.

Manifestor:in:

Du bist hier, um Freiheit und Unabhängigkeit in die Welt zu bringen. Dein höheres Selbst offenbart sich dir, wenn du in deiner eigenen Energie handelst und mit anderen deine kreativen Vorhaben teilst.

Projektor:in:

Du bist ein:e geborene:r Systemversteher:in. Dein höheres Selbst offenbart sich dir, indem du aktiv wartest und vertraust, dass die richtigen Menschen zur richtigen Zeit in dein Leben kommen. Aktiv warten bedeutet nicht, dass du zuhause in deinem Kämmerchen hocken musst, genieße Aktivitäten, die dir Energie geben und finde die Ruhe wieder in dir selbst.

Reflektor:in:
Du bist ein Seismograph deiner Umgebung. Deine wahre Essenz kommt zum Vorschein, wenn du dich voll und ganz dem Leben hingibst und dein Umfeld spiegelst. Was nimmst du wahr? Welche tiefere Aufgabe erkennst du bei den Menschen in deinem Umfeld? Welche Aufgabe und Weiterentwicklung erkennst du in der Gesellschaft? Was ist unser kollektives höheres Ziel?

Die Botschaft an dich, wenn dein Zentrum ...

Definiert/wirkend ist:

- Dein Umfeld schätzt dich für deine klare Vision und innere Richtung. Dein innerer Magnet führt dich dorthin, wo du hinsollst, damit du die Leute triffst, die für dein Leben von Bedeutung sind.

Nicht definiert/wahrnehmend ist:

- Wen aus deinem Umfeld bewunderst du für seinen/ihren Weg? Lass dich von deinem Umfeld inspirieren und spüre, welche Version deiner Selbst du leben möchtest.

Typische Situation im Alltag ... wenn das Zentrum in deiner Körpergrafik ...

Definiert/wirkend ist:

- Du spürst, dass du für eine ganz bestimmte Aufgabe hier im Leben bist, die du verwirklichen darfst.
- Andere nehmen dich oft als ihren Leader wahr und folgen gerne deiner Richtung oder Visionen.

Nicht definiert/wahrnehmend ist:

- Du weißt, dass deine höhere Bestimmung zu dir kommt und du sie eines Tages ganz klar in dir spürst.
- Du erlaubst dir, wandelbar zu bleiben und dich immer wieder neuen Rollen hinzugeben und neue Visionen auszuleben.

Reflektiere für dich ...

- Fühlst du dich verbunden?
- Welches höhere Streben steckt hinter deiner gegenwärtigen Ausrichtung im Leben?
- In welcher Version von dir selbst schätzt du dich am meisten?
- Spürst du, wohin es dich im Leben zieht?
- Woher weißt du, dass du in deinem höchsten Bewusstsein bist?
- Wenn du dein höheres Selbst visualisieren würdest, was würden andere sehen?

- Wann spürst du, dass du in Kontakt mit deinem höheren Selbst bist?
- Würdest du dich als weise bezeichnen?
- Worin bist du weise geworden?
- Denke an die beste Entscheidung deines Lebens. Woher wusstest du, dass es für dich in deine gewünschte Richtung geht?

Thema: Inkarnation

Botschaft

Entdecke den wahren Sinn deiner Inkarnation.

Tagesimpuls:

Kennst du bereits deine (*Human Design-*) Lebensaufgabe, also den wahren Sinn hinter deiner Inkarnation? Erlaube dir heute tiefgründig über dein Dasein auf dieser Welt zu sinnieren. Was kannst du bereits von dem, was du von deiner Lebensaufgabe fühlst, verkörpern? Warum glaubst du, braucht dich diese Welt? Was ist dein WARUM für dieses Leben?

Unterstützende Affirmationen:

- IN CARNE – ich bin ICH in Fleisch und Blut.
- Energie geht nicht verloren. Energie wandelt sich.
- Jedes Wort, Handeln, ist Energie und beeinflusst mein Dies- und Jenseits.
- Ich beeinflusse, in welcher Energie ich lebe.
- Nichts ist, wie es scheint. Ich lasse mich überraschen.
- Alles macht Sinn – früher oder später.

Die Botschaft an dich als …

Generator:in:

In dir schlummern wahre Talente, die dir in die Wiege gelegt worden sind. Erkennst du sie und lebst sie aus?

manifestierende Generator:in:

Beobachte, welches Thema dich schon dein ganzes Leben begleitet. Gibt es hier noch ungelösten Schmerz? Welchen Seelenanteil darfst du dir hier zurückholen (beispielsweise die Freude, die Unbekümmertheit)?

Manifestor:in:
Reflektiere deine Handlungen. Stimmen sie mit deiner inneren Vision überein oder agierst du aus einem inneren Mangel heraus? Welchen Mangel erkennst du und was möchte er dir sagen?

Projektor:in:
Erkenne deine aktuelle Realität. Lebst du bereits dein wahres Ich? Wie schaut deine Realität in 10 Jahren aus, wenn du jetzt so weitermachst? Gefällt dir diese Realität oder darfst du etwas ändern?

Reflektor:in:
Inwieweit erkennst du ein Bewusstsein über die eigene Lebensaufgabe der Menschen? Welche Personen suchen nach dem wahren Sinn und wie glauben sie, dass sie ihn finden? Gibt es hier Techniken oder bestimmte Wege, Menschen zu ihrer Lebensaufgabe zu begleiten?

Die Botschaft an dich, wenn dein Zentrum ...

Definiert/wirkend ist:
- Du bist hier auf die Welt gekommen, um deinen ganz eigenen individuellen Weg zu gehen. Spüre, welche Aufgabe in dir schlummert.

Nicht definiert/wahrnehmend ist:
- Deine Aufgabe ist es, die unterschiedlichsten Rollen zu verkörpern, solange sie dir Spaß machen und du dich wohl dabei fühlst. Durch die richtige Umgebung wirst du die Rollen einnehmen, die sich für dich richtig anfühlen.

Typische Situation im Alltag ... wenn das Zentrum in deiner Körpergrafik ...

Definiert/wirkend ist:
- Du spürst in dir eine klare Richtung und Aufgabe - vielleicht oft auch unbewusst.
- Du weißt eigentlich ganz klar, was NICHT dein Weg ist.

Nicht definiert/wahrnehmend ist:
- Du hast unterschiedliche Rollen/Aufgaben, je nachdem, mit wem du gerade zusammen bist. Mit deinen Eltern bist du womöglich anders als mit deinem besten Freund und mit der Theater-AG lebst du eine ganz andere Rolle als mit den Frauen und Männern des Handballvereins.

Reflektiere für dich …

- Wer bist du noch?
- Wie fühlt es sich an, wenn du dich als das Licht deiner Seele erkennst?
- Was in deinem Leben hast du nie gelernt und weißt es trotzdem?
- Welche Seelenanteile wollen wieder integriert werden?
- Worin liegen Ursache und Wirkung deines Seins?
- Welches frühere Leben erscheint dir immer und immer wieder? Wer warst du? Was hast du in diesem Leben gelernt?
- Wenn du dir vorstellst, dass dein aktuelles Leben ein vermeintlich zukünftiges Leben beeinflusst, wie entscheidest du dann?
- Welche Gedanken/Gefühle/Handlungen vollziehst du, die aber gar nicht zu deinem jetzigen Leben passen?
- Wie löst du dich von Anhaftungen aus früheren Leben?

Kehle/Ausdruckszentrum

Thema: Manifestation

Botschaft
Erschaffe dir die Welt, die dir am meisten dient.

Tagesimpuls:
Aus welcher inneren Intention kreierst du derzeit dein Leben? Kommen deine Worte aus einem Zustand voller Fülle und Wohlergehen oder kreierst du aus einem inneren Mangel heraus? Welcher Mangel versteckt sich hier? Was suchst du im Außen, was im Innen noch fehlt?

Unterstützende Affirmationen:

- Meine Worte sind mein Manifestationsinstrument.
- Ich erlaube mir, meine Lebenskraft, Gefühle, Ziele, Gedanken und Identität manifest werden zu lassen.
- Ich bin Schöpfer:in.
- Im Innen wie im Außen. Im Außen wie im Innen.
- Ich schöpfe zu meinem und dem höchsten Wohl aller Beteiligten.
- Ich übernehme Verantwortung für meine Kreationen.

Die Botschaft an dich als …

Generator:in:
Du möchtest dein Licht mit anderen teilen und versuchst oft, es anderen dabei recht zu machen. Verwende deine Manifestationskraft für Dinge, die dir wirklich Freude bereiten und dir Energie schenken. Dadurch wirst du automatisch magnetisch für andere.

manifestierende Generator:in:
Überprüfe deine Gedanken und gesetzten Ziele. Bereiten sie dir noch Spaß und Freude? Wenn du dich ausgelaugt und ausgebrannt fühlst, dann setze die Segel neu. Manifestiere dir dein Leben aus deiner inneren Fülle.

Manifestor:in:

Du darfst innehalten und schauen, wen deine Manifestationen betreffen und beeinflussen. Indem du andere in deine Welt holst und mit ihnen deine Ziele oder Visionen teilst, bekommst du den erwünschten Rückenwind, um deine Segel zur Manifestation zu setzen.

Projektor:in:

Achte darauf, dass deine inneren Weisheiten nicht einfach aus dir herausplatzen. Du manifestiert am besten in Ruhe, wenn du die Einladung des Gegenübers wahrnimmst.

Reflektor:in:

Wie kommen Menschen in einen Zustand der inneren Fülle, um das Bestmögliche für sich und andere im Leben zu manifestieren?

Die Botschaft an dich, wenn dein Zentrum …

Definiert/wirkend ist:

- Deine Energie möchte in Form von Worten ausgedrückt und manifestiert werden? Du darfst etwas mit Liebe kreieren und erbauen, bewahre dir dabei deinen Fokus.

Nicht definiert/wahrnehmend ist:

- Durch deinen inneren Kompass spürst du, welche Umgebung für dich die richtige ist, um zu manifestieren. Sei offen für deine Wandelbarkeit.

Typische Situation im Alltag … wenn das Zentrum in deiner Körpergrafik …

Definiert/wirkend ist:

- Du musst sprechen, um Dinge wirklich klar vor Augen zu haben.
- Wenn du deinen Fokus verlierst, dann neigst du zum Plappern und verlierst damit deine Energie.
- Während du redest, kommen oft geniale Ideen oder transformierende Worte aus deinem Mund, ohne dass du dies geplant hattest.

Nicht definiert/wahrnehmend ist:

- In der richtigen Umgebung fühlst du dich wohl und eingeladen, zu sprechen.
- Du kannst deine Sprache und Worte deiner Umgebung entsprechend von Inhalt, Worten, Tonus etc. her anpassen.

- Du hast manchmal das Gefühl, dass andere dir nicht richtig zuhören.

Reflektiere für dich ...

- Was wird durch dich in der Welt manifest?
- Welche Wirkung willst du erzielen?
- Was wirkt auf dich nachhaltig?
- Wann wurdest du zuletzt so richtig beeindruckt?
- Was möchtest du heute erschaffen?
- Wie drückst du deine Gedanken, Gefühle, Ideen und dein Selbst aus? Wovon ist das abhängig?

Thema: Sichtbarkeit

Botschaft

Erlaube dir, sichtbar zu werden.

Tagesimpuls:

Was kannst du heute tun, um mehr in die Sichtbarkeit zu gelangen? Welche Worte hältst du zurück und blockierst damit deine wunderbare Energie des Ausdruckszentrums? Beobachte, wie du andere siehst und wahrnimmst, die hier in ihrem vollen Potenzial leben.

Unterstützende Affirmationen:

- Ich zeige mein Licht, auch wenn andere den Schatten sehen.
- Indem ich mich zeige, kann ich in meinem Wesen erkannt werden.
- Es ist ungefährlich für mich, mich ganz authentisch der Welt zu zeigen.
- Ich nehme meine Masken ab und zeige mich echt.
- Ich weiß, dass ich mich verletzlich zeige, und weiß, dass darin meine größte Stärke liegt.
- Ich sehe und werde gesehen.

Die Botschaft an dich als ...

Generator:in:

Deine wohlige Aura und deine kommunikativen Gaben schenken dir automatisch Sichtbarkeit, die du für dich nutzen darfst.

manifestierende Generator:in:
Tief in dir spürst du, wenn Dinge ausgesprochen werden müssen. Indem du präsent bleibst, zeigt sich im Moment eine unbewusste Wahrheit in dir, die du aussprichst. Menschen lauschen gerne deinen Weisheiten.

Manifestor:in:
Deine Worte haben eine starke Wirkung auf andere und durch deine Aura hast du eine beeindruckende Präsenz und Wirkung im Raum.

Projektor:in:
Indem du schaust, welche Einladung wirklich zu dir passt und sich richtig anfühlt, bekommst du automatisch auch die Sichtbarkeit und Anerkennung, die du dir so sehnlichst wünschst.

Reflektor:in:
Was siehst du in deinem Umfeld? Welche Menschen gehen total unter und werden nicht gesehen und was könnte ihnen helfen, um mehr in die Sichtbarkeit zu gelangen? Welche Muster zeigen sich bei Menschen, die ständig im Rampenlicht stehen wollen und damit allen anderen die Show stehlen?

Die Botschaft an dich, wenn dein Zentrum …

Definiert/wirkend ist:

- Dein Umfeld ist fasziniert von deiner Präsenz und hört dir gerne zu, wenn du etwas erzählst. Schenke auch deinem Gegenüber Aufmerksamkeit und höre ihm zu.

Nicht definiert/wahrnehmend ist:

- Du darfst geduldig auf deine Einladung warten und gleichzeitig mutig sein, um dann die wertschätzende Bühne zu bekommen, wo Menschen dir zuhören und deinen Worten lauschen.

Typische Situation im Alltag … wenn das Zentrum in deiner Körpergrafik …

Definiert/wirkend ist:

- Du hast eine ganz spezielle und individuelle Art, dich auszudrücken, und andere erkennen dich an deinem Markenzeichen.
- Wenn du sprichst, hast du meistens die Aufmerksamkeit auf dir.
- Manchmal plapperst du ohne Punkt und Komma darauf los.

Nicht definiert/wahrnehmend ist:

- Du hast die Gabe, dich auf unterschiedliche Weise auszudrücken und dadurch sichtbar zu werden.
- Du hast oft das Verlangen, dich zu zeigen, um Anerkennung zu bekommen, oder du bist panisch, wenn du im Mittelpunkt stehst.

Reflektiere für dich ...

- Durch was möchtest du gerne in der Welt sichtbar werden?
- Macht es dir Angst, sichtbar zu werden?
- Was darf jeder über dich wissen?
- Welche Voraussetzungen müssen erfüllt sein, damit du dich wohl damit fühlst, für andere erkennbar zu werden?
- Welche Botschaft möchtest du in die Welt bringen?
- Kommt es bei dir oft zu Missverständnissen? Redest du mit anderen manchmal am Thema „vorbei"?

Thema: Sprache

Botschaft

Finde deine Sprache.
Sprich deine Worte.

Tagesimpuls:

Reflektiere heute deine Sprache und Wortwahl. Wann wählst du Worte ohne Bedacht und wann eilst du zu schnell voraus, ohne dir über deine Worte Gedanken zu machen? Wie kannst du dich hier bewusster wahrnehmen, um achtsamer zu werden?

Unterstützende Affirmationen:

- Ich spreche, ohne reden zu müssen.
- Weniger ist mehr - ich warte auf den richtigen Augenblick und die Person, die es hören und wertschätzen wird.
- Meine Stimme ist ein kraftvolles Werkzeug!
- Ich spreche meine Wahrheit.
- Ich gebe den Worten anderer Raum.
- Ich weiß, wann es „nötig" ist, etwas zu sagen!

Die Botschaft an dich als …

Generator:in:
Deine Worte dürfen einen klaren, aber freundlichen Ausdruck bekommen. Menschen schätzen deine wertschätzende Art und Weise, zu sprechen.

manifestierende Generator:in:
Geduldig und einfühlsam darfst du deine Message an dein Umfeld mitteilen. Bleibe dabei präsent und eile nicht zu schnell voraus.

Manifestor:in:
Authentizität in deiner Kommunikation ist sehr wichtig für dich. Wähle deine Worte bedacht und weise, sodass sie im Außen Anklang finden.

Projektor:in:
Du findest deine Sprache in einer fragenden Haltung. Interessiere dich für dein Gegenüber und du wirst die richtigen Worte finden.

Reflektor:in:
Wer in deinem Umfeld findet nicht die richtigen Worte und verhaspelt sich in der Eile? Welche Erdung brauchen sie? Welche Menschen in deiner Umgebung untergraben ihre Sprache, weil sie Angst davor haben? Welche alten Muster der Vergangenheit spielen hierbei eine Rolle?

Die Botschaft an dich, wenn dein Zentrum …

Definiert/wirkend ist:
- Deine Worte hinterlassen einen Eindruck.
- Du kannst dich sehr kurz und prägnant ausdrücken oder auch bildgewaltig und abstrakt.

Nicht definiert/wahrnehmend ist:
- Du kannst aussprechen, was andere sich nicht getrauen zu sagen.
- Du siehst alle Ausdrucksformen in ihrer Vielfalt.
- Du weißt nicht, wie du das, was du denkst und fühlst, ausdrücken kannst.

Typische Situation im Alltag ... wenn das Zentrum in deiner Körpergrafik ...

Definiert/wirkend ist:

- Du hast eine ganz individuelle Art und Weise, Sprache zu verwenden, die dich auszeichnet.
- Du redest manchmal wie ein kleiner Wasserfall und überforderst damit deine Mitmenschen.

Nicht definiert/wahrnehmend ist:

- Du hast eine Gabe, Sprachen auf unterschiedlichste Weise auszudrücken und zu verwenden.
- Manchmal fühlst du, dass du gerne etwas sagen würdest, doch traust dich nicht oder es fehlen dir die richtigen Worte.

Reflektiere für dich …

- Hast du eine Veranstaltung/einen Raum schon einmal mit Hilfe deiner Stimme/deiner Art dich auszudrücken/deiner Präsenz gefüllt?
- Überlädst du andere im Gespräch mit Mengen an Worten/Informationen?
- Was bedeutet für dich SELBST-Ausdruck? Geht das nur über Worte?
- Hast du schon einmal über deine Art des Ausdrucks reflektiert?
- Magst du deine Stimme?
- Wie möchtest du gehört werden?
- Kannst du gut zuhören?

Thema: Handlung

Botschaft

Bringe Impulse in die Welt.

Tagesimpuls:

Indem du aktives Zuhören lernst und sprichst, sobald du den inneren Impuls hast, der deine Energie in dir erhöht, schaffst du eine tolle Balance und einen wertschätzenden Raum für ein fruchtbares Miteinander. Versuche heute die Seite zu üben, die du noch weniger intensiv praktizierst.

Unterstützende Affirmationen:

- Ich bin im Austausch mit den anderen.
- Ich gebe, was ich geben möchte, und erhalte, was ich benötige, um zu wachsen.
- Ich hole mir die Impulse rein, die ich gerade brauche.
- Im für mich passenden Umfeld zeigen sich die Worte von selbst.

Die Botschaft an dich als …

Generator:in:
Du bist in deinen Handlungen sehr ausdauernd. Daher ist es sehr wichtig für dich, auf deine innere Stimme zu hören, welche Handlungen wirklich aus deinem Impuls kommen und umgesetzt werden möchten. Dabei darfst du immer dein Umfeld, welches die Handlung beeinflusst bzw. betrifft, miteinbeziehen.

manifestierende Generator:in:
Du bist schnell im Handeln und Sprechen. Manchmal vielleicht zu schnell für andere. Dein Talent ist zwar in deiner Schnelligkeit, doch du darfst hin und wieder mal zur Ruhe kommen, indem du auch den anderen zu Wort kommen lässt und seine Vision hörst. So könnt ihr eure Sichtweisen abgleichen, um dann effektiver zu handeln und umzusetzen.

Manifestor:in:
Wähle deine Worte weise und du schaffst dir nicht nur Gehör, sondern auch jubelnde Unterstützer:innen. Je mehr du einen empathischen Ausdruck findest, desto schneller kommst du ins Handeln, da deine Mitmenschen dich bei deinen Ideen unterstützen wollen.

Projektor:in:
Vertraue darauf, dass sich dir die besten Chancen bieten werden, ohne dass du ein Handeln erzwingen musst. Sofern du im Vertrauen bleibst, kommen Möglichkeiten zu dir, auf die du eingehen kannst, und man wird dein Handeln schätzen.

Reflektor:in:
Welche Beobachtungen machst du in deinem Umfeld in Bezug auf den Ausdruck von Gefühlen, Emotionen und Ansichten? Welche dominanten Muster erkennst du? Wo lassen sich Menschen von anderen verbal unterdrücken und wieso? Welche Dynamiken finden hier statt?

Die Botschaft an dich, wenn dein Zentrum …

Definiert/wirkend ist:

- Wenn du gefragt wirst, deine Wahrnehmung/Meinung zu teilen, dienst du mit sehr viel Klarheit und Präzision in deinem Ausdruck den anderen.

Nicht definiert/wahrnehmend ist:

- Du musst nicht gehört werden, doch du weißt, dass genau gehört wird, was gehört werden soll.

Typische Situation im Alltag … wenn das Zentrum in deiner Körpergrafik …

Definiert/wirkend ist:

- Du kennst die Balance und weißt, wann es sinnvoll ist, zuzuhören und wann du durch dein Sprechen handeln darfst.
- Du erkennst deine Wirkung durch deinen Ausdruck auf andere.

Nicht definiert/wahrnehmend ist:

- Du fühlst dich manchmal nicht gehört oder gesehen.
  Du weißt, dass zum richtigen Zeitpunkt Menschen dir zuhören werden und eine Win-Win-Situation entstehen wird.

Reflektiere für dich …

- Erzählen dir Menschen oft sehr schnell all ihre Geheimnisse und intimsten Details?
- Was möchtest du anderen von dir anbieten?
- Welche Angebote werden im Leben für dich sichtbar?
- Welcher Austausch von Ideen bereichert dich?
- Wie finden deine Worte Gehör?

Thema: Metamorphose

Botschaft
Entdecke deine Wandelbarkeit!

Tagesimpuls:
Nutze diesen Tag und beobachte deine Muster. In welchen Bereichen bist du zu starr und nicht wandlungsfähig? Wovor hast du Angst? Was könnte schlimmstenfalls passieren? Wie sieht

dein Umfeld die Situation? Welchen Tipp würdest du dir selbst als gute:n Freund:in geben?

Unterstützende Affirmationen:

- Nichts ist beständiger als der Wandel.
- Veränderung bringt Neues in mir empor.
- Ich bin bereit, Altes hinter mir zu lassen.
- Ich bin wie ein Kaleidoskop.
- Ich erstrahle in all meinen Farben.

Die Botschaft an dich als …

Generator:in:

Transformiere dich und bleibe stets wandlungsfähig. Dein Talent ist die Anpassungsfähigkeit an äußere Prozesse und die Menschen, die sich stetig wandeln.

manifestierende Generator:in:

Du kannst mit deinen Worten und deiner Stimme transformieren. Wenn du auf dein Gefühl und deine innere Stimme vertraust, dann wirst du Veränderung in dein Umfeld bringen. Du darfst dich stetig selbst verändern und selbst verwandeln. Lass dich nicht zum Durchhalten zwingen, wenn es sich nicht mehr richtig anfühlt.

Manifestor:in:

Versteife dich nicht auf innere Ideen oder Visionen, wenn sie sich nicht richtig anfühlen. Bleibe stets offen für die Wandlung in deinem Umfeld. Ihre Veränderungen und Bedürfnisse führen auch dich zum Erfolg, indem du deine Visionen mit ihnen teilst und sie dadurch zur Transformation bringst.

Projektor:in:

Du kannst dich sehr gut in dein Umfeld hineinversetzen und erkennst die tiefen, inneren Transformationen, die es durchmacht. Du selbst durchlebst sie mit ihnen und erkennst, welche Wege euch zur Wandlung bringen.

Reflektor:in:

Welche Wandlung erkennst du in deinem Umfeld in den unterschiedlichsten Bereichen des Lebens? Erkennst du unterschiedliche Transformationsprozesse in den verschiedenen Ländern? Welchen gemeinsamen Nenner erkennst du hier? Welche Bereiche wandeln sich derzeit am meisten und wo stockt es noch etwas, wäre aber dringend nötig?

Die Botschaft an dich, wenn dein Zentrum …

Definiert/wirkend ist:

- Du achtest deine Worte und erkennst an deiner Stimme, wann genug gesagt worden ist. Du holst Luft und gibst Raum, weil du weißt, dass Selbstausdruck auch eine empfangende Qualität besitzt. Du spürst dem Hall deiner Worte nach und siehst, wie diese in der Welt Wandel ermöglichen.

Nicht definiert/wahrnehmend ist:

- Probiere nicht zu kontrollieren, was von dir gesagt werden und gezeigt werden möchte.
- Übe dich in Hingabe und bleibe offen für das, was in einem Kontext zum Ausdruck gebracht werden mag.

Typische Situation im Alltag … wenn das Zentrum in deiner Körpergrafik …

Definiert/wirkend ist:

- Deine Stimme wirkt vertrauensvoll auf andere.
- Du musst dir deinen Ärger und Frust von der Seele reden, damit er dich nicht belastet (auch nur für dich allein).
- Du darfst deine Energie des Halszentrums für dich nutzen und schützen und nur dann an Menschen weitergeben, wenn dies für dich in Ordnung ist.

Nicht definiert/wahrnehmend ist:

- Deine Stimme und dein Ausdruck passen sich sehr stark deiner Umgebung an.
- Du kannst schnell Sprachen erlernen bzw. die richtige Aussprache einer neuen Sprache.

Reflektiere für dich …

- Was verändert sich gerade innerlich sowie äußerlich an dir?
- Hast du Sorge vor Veränderungen?
- Wie gehst du mit der Vergänglichkeit des Lebens um?
- Welche Jahreszeit genießt du am meisten?
- Was darf sich in deinem Leben wandeln?
- Bist du bereit, dich zu verändern?
- Wie gehst du mit Ungewissheit um?
- Welche große Herausforderung hat sich in deinem Leben als wahrer Segen entpuppt?

Ajna/Verstandeszentrum

Thema: Ideen

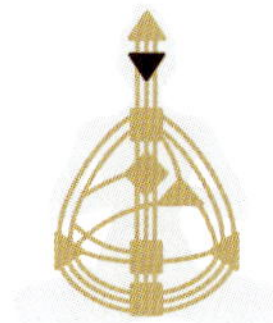

Botschaft

Öffne dich für neue Ideen.

Tagesimpuls:
Beobachte heute deine Gedanken bzgl. neuer Ideen. Wie gehst du mit neuen Impulsen um? Wertest du deine Ideen oder die der anderen im Vorhinein ab, um keine Veränderung zu erzeugen? Bleibst du fixiert auf deinem Standpunkt stehen oder kannst du den Blickwinkel eines anderen Menschen annehmen?

Unterstützende Affirmationen:

- Ich bin NICHT meine GEDANKEN.
- Ideen dürfen kommen und gehen. Ich halte nicht an ihnen fest.
- Ich erlaube mir, mit Ideen zu spielen.
- Ich glaube an meine Ideen.
- Meine Vorstellungen bekommen durch meine Ideen eine Form.

Die Botschaft an dich als …

Generator:in:
Du hast eine schwungvolle Energie und darfst auch im Verstand flexibel bleiben. Das Leben ist nicht schwarz oder weiß – es gibt viele Nuancen. Bleibe kreativ und öffne dich für die Ideen in deinem Innen wie im Außen.

manifestierende Generator:in:
Setze dich durch neue Ideen und Impulse nicht unter Druck und lasse dich zur Umsetzung drängen. Spüre in dich hinein, möchtest du diese Idee wirklich umsetzen? Springt dein Feuer an?

Manifestor:in:
Wahrscheinlich sprudelst du oft vor lauter neuen Ideen und möchtest alle auf einmal umsetzen. Spüre in dich hinein, welche Idee wirklich manifestiert werden möchte und ob du für diese auch die erforderliche Unterstützung erhalten kannst.

Projektor:in:

Du bist sehr klug und hast einen guten Überblick über die Dinge. Behalte dir deine aufgeschlossene Art bei, die offen für neue Ideen und Wege ist. Durch diese Offenheit bist du empfänglich für unterschiedliche Lösungen, die dein Leben und das der anderen bereichern.

Reflektor:in:

Siehst du um dich herum Menschen, die ständig getrieben von einer Idee zur nächsten hüpfen, aber dann keine so richtig umsetzen? Kennst du Personen in deinem Umfeld, die eine wundervolle Idee haben, sich aber nicht überwinden können, diese wirklich umzusetzen? Was haben diese Menschen gemeinsam? Was würde ihnen guttun, um hier die Blockade aufzulösen?

Die Botschaft an dich, wenn dein Zentrum ...

Definiert/wirkend ist:

- Sei dir bewusst, dass das, was du denkst, das dir Eigene ist und du es nicht bei anderen voraussetzen darfst.

Nicht definiert/wahrnehmend ist:

- Du kannst anderen Menschen neue „Gedanken-Wege" anbieten. Du bringst loses Gedankengut in eine Form.

Typische Situation im Alltag ... wenn das Zentrum in deiner Körpergrafik ...

Definiert/wirkend ist:

- Du kannst sehr fokussiert arbeiten und einen Schritt nach dem anderen gehen.
- Du sprudelst oft vor neuen Ideen und Gedanken.
- Du kannst sehr entschlossen sein und damit anderen oft bei der Umsetzung und Entscheidungshilfe Stabilität bringen.

Nicht definiert/wahrnehmend ist:

- Du hast oft zerstreute Gedanken und hüpfst von einem Thema zum anderen.
- Du kannst Ideen und Gedanken anderer wahrnehmen und dich auf sie einstellen.
- Inspiration bekommst du vor allem von außen – in der Natur, auf einer Ausstellung, von anderen Menschen ...

Reflektiere für dich ...

- Wann kommen dir die besten Ideen?
- Erwartest du auch, deine Ideen umsetzen zu müssen?
- Wie erfahren andere von deinen Ideen?
- Was unterstützt dich am meisten, um deine Ideen weiterzuspinnen?
- Wann wird für dich eine Idee zu einem Konzept?
- Ändert sich das, was/wie du denkst mit deinem Umfeld?
- Wie bewertest du, ob eine Idee es wert ist, weiterverfolgt zu werden?

Thema: Konzepte

Botschaft

Es ist an der Zeit, bestehende Konzepte zu verfeinern.

Tagesimpuls:

An welcher Stelle urteilst du zu schnell über die Ideen und Meinungen von anderen, ohne deine Bewertung zu hinterfragen? Überprüfe, aus welchem Gedanken, welchem Muster diese Bewertung entsteht. Wovor hast du Angst? Woran hältst du fest?

Unterstützende Affirmationen:

- Mein Verstand ist mein Umsetzungs- und nicht Entscheidungspartner.
- Ich lasse meine Ideen zu Konzepten werden.
- Das Konzept ist der Erfüllungsrahmen meiner Ideen.

Die Botschaft an dich als ...

Generator:in:

Du bist an den Prozessen des Entstehens von neuen Dingen interessiert. Daher sind Konzepte super faszinierend für dich. Spüre, welche Konzepte in dir selbst entstehen oder du von außen herangetragen bekommst und wie du auf sie reagierst, also körperlich antwortest. Spürst du das Feuer in dir, wenn du daran denkst, oder findest du es zwar interessant, aber gibst es in der Umsetzung gerne an jemand anderes weiter?

manifestierende Generator:in:
Achte darauf, dass du wirklich Spaß daran hast, deine Konzepte oder die der anderen umzusetzen. Ansonsten ziehst du Frustration an. Du darfst auf dem Weg immer wieder überprüfen, ob du noch wirklich die Energie dafür hast. Wenn ja, dann halte durch und kreiere etwas Besonderes. Wenn nein, dann überprüfe, was du genau brauchst oder ob du abgeben darfst.

Manifestor:in:
Deine Konzepte und Ideen dürfen verstanden werden bzw. musst du anderen diese Konzepte näherbringen und sie darüber informieren. Dafür darfst du Geduld mitbringen, um dann die richtigen Menschen zu begeistern, die dich bei der Umsetzung unterstützen und begleiten möchten.

Projektor:in:
Konzepte sind für dich sehr wichtig, denn du kannst diese mit deinem Umfeld teilen, um sie damit auf ihrem Weg zu unterstützen. Konzepte bieten dir und deinem Gegenüber einen geschützten Rahmen, um sich weiterzuentwickeln und nach vornezukommen.

Reflektor:in:
Erkennst du Konzepte, die nun in die Umsetzung kommen dürfen? Welche Verfeinerungen dürfen hier vorgenommen werden? Welche Eigenschaften brauchen Menschen, um nicht in die Bewertung abzurutschen und sich davon blockieren zu lassen? Wie kommt man in die Umsetzung?

Die Botschaft an dich, wenn dein Zentrum …

Definiert/wirkend ist:
- Du verstehst neues Wissen oder Erzähltes auf eine dir eigene Art.
- Du verstehst dich selbst besser, wenn du deine Gedanken aussprichst und deinen Worten lauschst. Du weißt nicht, was du denkst, doch du hörst, was du denkst, wenn du es sagst.
- Du kannst Gedanken sehr gut ein konzeptionelles Gewand geben.

Nicht definiert/wahrnehmend ist:
- Du spürst eine gewisse mentale Ungewissheit in dir. Sei beruhigt, du darfst diese annehmen und offen für die Möglichkeiten bleiben, die sich dir zeigen.
- Sie bringen dir viel mehr Potenzial als krampfhaft nach Gewissheit zu suchen.

Typische Situation im Alltag … wenn das Zentrum in deiner Körpergrafik …

Definiert/wirkend ist:

- Du hast ein klares Konzept, wie du Aufgaben erledigst, neue Dinge strukturierst und vorgehst.

Nicht definiert/wahrnehmend ist:

- Manchmal bist du überfordert, wie du Dinge richtig einordnen sollst.
- Du interessierst dich (oder suchst danach) für Strukturierungsprozesse und Methoden, die dich bei der Planung unterstützen können.

Reflektiere für dich ..

- Worüber denkst du gerade viel nach?
- Welche Vorstellungen über das Leben ermöglichen dir neue Einsichten?
- Was glaubst du über dich?
- Welche Erwartungen stellst du an dich?
- Welche Geschichten erzählst du dir immer und immer wieder?
- Was sollte aus deinen Augen jeder Mensch WISSEN?
- Welche Konzepte von dieser Welt lehnst du ab?

Thema: Mediation

Botschaft

Gehe mit deinen Gedanken reisen.

Tagesimpuls:

Welche Vorurteile darfst du heute loslassen und dich für den Prozess öffnen? Indem du vorgefertigte Muster in deinen Gedanken als Wahrheit annimmst, verschließt du dich vor der Vielfalt und Wandelbarkeit der Dinge. Womöglich grenzt du dich damit selbst ein. Erkenne deine Bewertungen und Urteile und nimm sie liebevoll an, um trotzdem offen zu bleiben.

Unterstützende Affirmationen:

- Ich hinterfrage, was andere mir gedanklich anbieten.
- Ich suche in dem Gedankenangebot der anderen Gemeinsamkeiten und Unterschiede und bilde so neue Thesen.

Die Botschaft an dich als ...

Generator:in:
Du liebst eine harmonische Gemeinschaft. Dazu gehört jedoch auch, dass man Konflikten nicht aus dem Weg geht oder sie künstlich erzeugt. Behalte dir eine offene und herzliche Art bei und lasse dich nicht von voreingenommenen Meinungen beeinflussen.

manifestierende Generator:in:
Möchtest du Dinge schnell geklärt haben, um weiterzumachen und dich nicht aufhalten zu lassen? Beobachte, in welchen Situationen du vielleicht eine Konfliktlösung an den Haaren herbeiziehst und klein beigibst, ohne dich wirklich auf das wahre Thema einzulassen.

Manifestor:in:
Wie kannst du deine Visionen noch klarer mit anderen teilen? Welche mediatorischen Fähigkeiten helfen dir dabei?

Projektor:in:
Durch deine Feinfühligkeit erkennst du Konflikte sehr schnell und kannst den wahren Ursprung fühlen. Als Mediator:in darfst du in Balance bleiben und immer wieder auch deine eigenen Themen beobachten, um diese in Heilung zu bringen.

Reflektor:in:
Welche Vorurteile nimmst du gesellschaftlich in den verschiedenen Lebensbereichen wahr? In Bezug auf Liebe, Partnerschaft, Business, Erfolg, Gesundheit, Werte, Prinzipien etc. Erkennst du eine bestimmte Angst, die dahintersteht? Welche Bedürfnisse laufen hier im Hintergrund ab? Bedürfnis nach Sicherheit, Anerkennung ...?

Die Botschaft an dich, wenn dein Zentrum ...

Definiert/wirkend ist:

- Bleibe deinem (gedanklichen) Weg treu!
- Lasse dich nicht von anderen Meinungen/Gedanken ablenken.

Nicht definiert/wahrnehmend ist:

- Bleibe offen für die Wandelbarkeit der Dinge.
- Sieh Meinungen in ihrem Status quo und sieh den Entwicklungspfad, der möglich ist.

Typische Situation im Alltag … wenn das Zentrum in deiner Körpergrafik …

Definiert/wirkend ist:

- Du hast eine klare Meinung zu bestimmten Themen oder über bestimmte Personen.
- Du bist manchmal starrköpfig und beharrst auf deiner Meinung.

Nicht definiert/wahrnehmend ist:

- Du fühlst dich überfordert, wenn andere eine bestimmte Meinung von dir verlangen oder eine gewisse Antwort erzwingen.
- Du bist sehr flexibel und kannst Konflikte oder Probleme von mehreren Seiten aus betrachten.

Reflektiere für dich …

- Fühlst du dich als gute:r Mediator:in (neutrale:r Vermittler:in zwischen zwei Personen und deren Ansichten)?
- Bewertest du Menschen gerne auf Basis dessen, welchen Vorstellungen diese folgen?
- Was ist für dich nicht vorstellbar?
- Welche Denkverbote hast du?
- Worüber erlaubst du dir nicht nachzudenken?
- Kannst du gut in Diskussionen zwischen Menschen vermitteln?
- Was ist RICHTIG und was FALSCH in deinen Augen?
- Bist du bereit, auch immer eine andere Position zu hören/zu sehen? Wie gehst du dabei vor?

Thema: mentales Bewusstsein

Botschaft

Wisse, dass du nichts weißt.

Tagesimpuls:

Lasse deinen Verstand los, indem du ihn freilässt. Halte nicht so sehr an deinen Glaubensmustern und Gedanken fest. Lass diese Energie frei fließen und triff daraus keine Entscheidungen. Sie führen dich nirgendwo hin.

Unterstützende Affirmationen:

- Ich bin mir meiner Gedanken bewusst.
- Ich kann sehr klar denken.
- Ich erkenne die Botschaft hinter meinen Gedanken.

Die Botschaft an dich als …

Generator:in:

Bleibe in Demut und glaube nicht gleich, was du glaubst. Füge die Puzzelteilchen deiner Gemeinschaft zusammen und erkenne das große Ganze dahinter. So erlangst du Schritt für Schritt mentales Bewusstsein für die Prozesse und deren Muster.

manifestierende Generator:in:

Du bist nicht dein Verstand und was du denkst. Mentales Bewusstsein kann nicht erzwungen werden. Wenn der Groschen fällt, wirst du tiefe Einsichten und Weisheiten erlangen und deine natürliche Brillanz kommt dann zum Vorschein.

Manifestor:in:

Du bringst geniale Ideen und Gedankenanstöße auf die Welt, die andere zur Reflexion einladen. Dadurch kreierst du bei dir und anderen mentales Bewusstsein, welches immer weiterwächst und gedeiht und schaffst potenziellen Frieden damit.

Projektor:in:

Schaue auch immer wieder nach Innen und hinterfrage dich selbst. So erkennst du einige Dinge und bekommst dadurch das Potenzial, einzigartige Lösungen für dein Umfeld zu finden.

Reflektor:in:

Du möchtest große und kollektive Zusammenhänge, Ideen & Konzepte verstehen und indem du deine Umgebung und die Gesellschaft beobachtest und reflektierst, gelangst auch du immer mehr zu mentalem Bewusstsein.

Die Botschaft an dich, wenn dein Zentrum …

Definiert/wirkend ist:

- Indem du dir deiner Sorgen und Ängste bewusst wirst, erkennst du, dass du sie aus dir selbst heraus kreierst. Werde dir deiner Selbst immer mehr bewusst und sieh, welches Gedankengut du verteilst. Du hast einen großen Einfluss auf andere.

Nicht definiert/wahrnehmend ist:

- Behalte dir deine mentale Leichtigkeit bei und hinterfrage Gedanken und Ängste. Sind sie wirklich deine oder dürfen sie weiterziehen?

Typische Situation im Alltag … wenn das Zentrum in deiner Körpergrafik …

Definiert/wirkend ist:

- Durch das Aussprechen deiner Gedanken und Ideen erlangst du mehr und mehr Bewusstheit darüber.

Nicht definiert/wahrnehmend ist:

- To-Do-Listen helfen dir oft, einen Überblick über die Dinge zu bewahren, falls wieder sehr viel los ist in deinem Kopf.

Reflektiere für dich …

- Was denkst du heute über deinen beruflichen Werdegang?
- Welche Errungenschaften liegen für dich in der Reflexion geschehener Ereignisse?
- Was hilft dir „abzuschalten“?
- Kannst du deine Gedanken gut zur Ruhe bringen?
- Hältst du gut Stille aus?
- Wann hast du deine dich beeinflussenden Vorstellungen bekommen?

Thema: Klarheit

Botschaft

Bringe mentale Klarheit in dein Leben.

Tagesimpuls:

Wenn wir etwas erzwingen und andere damit bedrängen, handeln wir sehr oft aus einem Bedürfnis in uns: Wir wollen Sicherheit. Doch deine kreisenden Gedanken bringen dir keine Sicherheit und deine daraus resultierenden Handlungen kreieren nur noch mehr Leid. Versuche heute aktiv deinen Verstand liebevoll zu beruhigen, indem du in die Natur gehst, tief atmest und alle Sorgen von dir abklopfst.

Unterstützende Affirmationen:

- Ich schaffe Klarheit in mir und im Außen.
- Ich weiß, dass sich in jeder Situation der Nebel lüftet und Klarheit einzieht.
- Ich bin flexibel im Denken.

Die Botschaft an dich als …

Generator:in:

Mentale Verwirrung entsteht, wenn du zu sehr schaust, was andere brauchen oder was ihnen helfen würde und dabei dich und deine Bedürfnisse verdrängst. Deine Gedanken kreisen wie wild um das Wohlergehen deines Gegenübers, dass du dabei dich selbst vergisst. Komm zur Ruhe und nimm dir bewusst Zeit für Dinge, die dir Genuss und Freude bringen. Vielleicht eine Honig-Massage beim Day Spa?

manifestierende Generator:in:

Verwirrung entsteht, wenn du zu schnell zu viel in die Umsetzung bringen willst. Du hetzt von einer Aufgabe zur nächsten und verlierst dabei deine Verbindung zu dir und deinem Körper. Nutze bewusste Körperarbeit für dich, um dich wieder ins Lot zu bringen.

Manifestor:in:

Deine größte Angst ist es, nicht dazuzugehören oder abgelehnt zu werden. Dies führt zu vielen Verwirrungen in dir. Du versuchst, eine Idee nach der anderen herauszubringen. Versuche, deinen Verstand zu beruhigen und ihn liebevoll nur für das zu benutzen, wozu er da ist: in die Umsetzung zu kommen, zu planen und zu strukturieren.

Projektor:in:

Mentale Verwirrung entsteht bei dir, wenn du anfängst, wütend, rachsüchtig oder bemitleidend dir selbst gegenüber zu werden, weil andere sich nicht für dich interessieren oder dich wertschätzen. Lasse diese Gedanken los und wisse, dass ein richtiges Umfeld deine Beiträge sehen wird.

Reflektor:in:

Nimmst du eine gewisse mentale Verwirrung bei anderen wahr? Wie äußert sie sich? Wo bedrängen Menschen mit ihren Gedanken oder Glaubenssätzen andere? Was brauchen sie, um wieder ins Vertrauen und zur Erleuchtung zu kommen?

Die Botschaft an dich, wenn dein Zentrum …

Definiert/wirkend ist:

- Du kannst anderen Menschen neue „Gedanken-Wege“ anbieten.
- Du bringst loses Gedankengut in eine Form.

Nicht definiert/wahrnehmend ist:

- Du zweifelst an jedem Konzept/Idee/Gedanken wenigstens einmal.

Typische Situation im Alltag … wenn das Zentrum in deiner Körpergrafik …

Definiert/wirkend ist:

- Du hast ein großes Gedankengut, welches du meist sehr gut strukturieren kannst.
- Mentale Verwirrung entsteht meist durch deine inneren Ängste, deshalb komme ins Vertrauen.
- Du kannst anderen Menschen mentale Klarheit schenken und hast meist ganz „spezielle, besondere“ Gedanken.

Nicht definiert/wahrnehmend ist:

- Du findest die Gedanken anderer oft sehr faszinierend und übernimmst sie (zu) schnell als deine eigenen.
- Du zweifelst bzw. grübelst gerne über die unterschiedlichen Ansichten und Meinungen der anderen.

Reflektiere für dich …

- Würdest du sagen, dass du flexibel in deinem Denken bist?
- Wo hältst du an deinen Gedanken fest? Was ermöglicht dir das?
- Ist es dir wichtig, Struktur in deine Gedanken zu bringen?
- Sprichst du deine Gedanken auch aus? Welche Einsichten kommen dir dann?
- Hüpfst du oft von einem Thema zum nächsten und verlierst dabei deinen Fokus?
- Wo hast du in deinem Leben eine Illusion entlarvt? Was hast du geglaubt, was sich dann als anders herausgestellt hat?
- Was entdeckst du Neues, wenn du dich der Reflexion deiner Gedanken hingibst?

Krone/Inspirationszentrum

Thema: Fragen

Botschaft

Lass die Fragen dich erreichen. Nicht die Antworten.

Tagesimpuls:

Kreisen deine Gedanken ständig um eine Frage oder ein Thema? Lerne, loszulassen und dich auf den Moment zu konzentrieren. Du darfst lernen, dass die richtigen Fragen zur richtigen Zeit in dir hochkommen und die Wahrheit sich in dir offenbart.

Unterstützende Affirmationen:

- Ich hinterfrage den Status quo.
- Ich bleibe im Vertrauen, dass alles zur richtigen Zeit zu mir kommt.
- Meine Fragen ermöglichen mir, in meine Klarheit zu gelangen.
- Ich akzeptiere, dass ich nicht alles wissen kann.

Die Botschaft an dich als …

Generator:in:

Der Druck, Fragen zu stellen, darf in ein harmonisches Miteinander kommen, indem du aktiv zuhörst und die Fragen stellst, die sich in diesem Moment genau richtig anfühlen.

manifestierende Generator:in:

Effiziente Fragen zu stellen ist etwas, das du liebst, weil es dich schnell weiterbringt. Achte jedoch dabei auch auf dein Gegenüber. Wie fühlt er/sie sich dabei? Überfordern die vielen Fragen?

Manifestor:in:

Suche nicht im Außen nach den Antworten. Du wirst sie tief in deinem Inneren finden, indem du dich etwas zurückziehst und in dich gehst. Auf ungewöhnliche Fragen folgen ungewöhnliche Antworten.

Projektor:in:

Deine Fähigkeiten liegen darin, die richtigen Fragen zur richtigen Zeit zu stellen, um so dein Gegenüber in seinem/ihrem Transformationsprozess zu unterstützen. Vertraue auf die Langsamkeit bzw. das richtige Timing dahinter. Du musst nichts erzwingen, sondern kannst es frei fließen lassen.

Reflektor:in:

Kennst du Menschen in deinem Umfeld, die auf der ständigen Suche nach Antworten sind? Was nimmst du wahr: Finden sie die Antworten, nach denen sie suchen, sind sie offen für die Wunder des Lebens oder wirken sie eher gehetzt und gedrückt? Wann wird der Druck, zu fragen, zu hoch und welches innere Muster erkennst du dahinter?

Die Botschaft an dich, wenn dein Zentrum ...

Definiert/wirkend ist:

- Dein Umfeld schätzt dich für deine inspirierenden Fragen, die dir zum richtigen Zeitpunkt ganz intuitiv einfallen und Dinge hinterfragen, neu beleuchten oder nach dem Sinn suchen. Damit bringst du Fortschritt in die Welt.

Nicht definiert/wahrnehmend ist:

- Von welchen Fragen aus deinem Umfeld kannst du dich inspirieren lassen? Finde immer wieder Ruhe in deinem Geist und lasse alle Fragen und Zweifel los.

Typische Situation im Alltag ... wenn das Zentrum in deiner Körpergrafik ...

Definiert/wirkend ist:

- Du hast öfter Zweifel oder suchst den Sinn hinter Dingen.
- Du bist interessiert an den Mysterien des Lebens und hinterfragst die menschliche Existenz.
- Du reflektierst oft über deine Vergangenheit, um diese besser verstehen zu können.

Nicht definiert/wahrnehmend ist:

- Es setzt dich unter Druck, wenn andere dir viele Fragen stellen und klare Antworten erwarten.
- Wenn dich eine Frage gepackt hat, dann lässt sie dich oft länger nicht mehr los und du denkst lange über das Thema nach.

Reflektiere für dich ...

- Welche Fragen lassen dich schon länger nicht mehr los und welche Antworten erhoffst du dir?

- Ist dir schon einmal aufgefallen, wie inspirierend deine Fragen für dein Umfeld sind?
- Weißt du, welche Fragen dein Denken beeinflussen?
- Welche Frage ist es immer wert, gestellt zu werden?
- Welche Frage möchtest du, dass man sie dir stellt?

Thema: Anbindung an die geistige Welt

Botschaft

Frage dich, für welche mentale Inspiration du offen bist.

Tagesimpuls:
Wann hast du das letzte Mal bewusst eine mentale Reise gemacht und dich mit der geistigen Welt verbunden? Egal, ob du daran glaubst oder wie du es selbst bezeichnest. Gehe heute bewusst in Kontakt, verbinde dich und stelle deine Fragen, äußere deine Ängste und lausche auf die Antworten, die du erhältst.

Unterstützende Affirmationen:
- Ich kann Anderen neue Möglichkeiten und Wege aufzeigen.
- Ich weiß, dass da draußen noch mehr auf mich bzw. uns wartet.
- Ich öffne meinen Geist.

Die Botschaft an dich als ...

Generator:in:
Bei Herausforderungen darfst du immer wieder nach oben telefonieren. Indem du dich mit der geistigen Welt verbindest, gelangen die richtigen Menschen zu dir. Du wirst die Antworten und Inspirationen finden, nach denen du vielleicht schon lange suchst.

manifestierende Generator:in:
Deine Handlungen dürfen immer in Balance zwischen Herz und Verstand sein. Konzentrierst du dich zu wenig aufs Herz, dann verbindest du dich auch nicht mit der geistigen Welt und gerätst von deinem Weg ab. Versuche das Gleichgewicht zu finden.

Manifestor:in:
Verbinde dich aktiv mit der geistigen Welt und du wirst eine unerschöpfliche Quelle an Inspiration kennenlernen.

Projektor:in:
Die spirituelle Anbindung nach oben kann dir helfen, bei dir zu bleiben und die richtigen Ideen zu erhalten, die dich auf deinem Weg begleiten.

Reflektor:in:
Welche geistige Anbindung nimmst du bei Menschen wahr? Erkennst du hier einen Unterschied zu früheren Zeiten? Wie wurde diese Anbindung in der Antike oder bei den alten Ägyptern praktiziert?

Die Botschaft an dich, wenn dein Zentrum …

Definiert/wirkend ist:
- Dein Umfeld erkennt eine sprudelnde Quelle an göttlicher Inspiration in dir.

Nicht definiert/wahrnehmend ist:
- In anderen Menschen findest du Inspiration und neue Ideen. Durch deine Verbindung zur geistigen Welt ziehst du die richtigen Menschen in dein Leben.

Typische Situation im Alltag … wenn das Zentrum in deiner Körpergrafik …

Definiert/wirkend ist:
- Du hast eine klare Meinung über die göttliche Welt bzw. eine eigene Art, mit ihr zu kommunizieren.

Nicht definiert/wahrnehmend ist:
- Du weißt, dass in Zeiten, in denen du den Wald vor lauter Bäumen nicht mehr siehst, immer wieder Ruhe in dir einkehrt und auf einmal alles Wesentliche ganz klar erscheint.

Reflektiere für dich …
- Wo hört dein Denken auf und fängt deine Fantasie an?
- Welche Signale erreichen dich heute mit einer magischen Botschaft?
- Öffnest du dich für das Unvorstellbare? Wann ist das mehr und wann weniger der Fall?
- Wann fühltest du dich zuletzt schon einmal so richtig „von oben" geführt?

Thema: Abstraktion

Botschaft

Verbinde Gedanken, die eigentlich nicht zusammengehören.

Tagesimpuls:

Fantasien und große Ideen entstehen oft aus dem Nichts und von einem Moment auf den nächsten. Meistens entsteht deine innere Wahrheit, wenn du Geschehnisse oder Erlebnisse und deren Erkenntnis miteinander verbindest. Lass dich auf diesen Prozess ein. Welche Brücken darfst du heute bauen?

Unterstützende Affirmationen:

- Ich bin eine Inspiration für Andere!
- Ich verbinde das Unwirkliche mit dem Wirklichen.
- Ich hinterfrage das WARUM, um zu verstehen WOFÜR.
- Ich erkunde die Bedeutung einer Erfahrung, indem ich sinnstiftende Fragen teile.

Die Botschaft an dich als …

Generator:in:

Du darfst immer wieder die Prozesse in deinem Leben und aus der Vergangenheit betrachten und die daraus gewonnene Erfahrung mit anderen teilen.

manifestierende Generator:in:

Wenn du dein Warum kennst und es dir Spaß macht, dann bist du eine Inspirationsquelle für andere. Deine Fantasie sprudelt und erschafft neue Dinge.

Manifestor:in:

Durch Abstraktion verbindest du Ideen und Entdeckungen miteinander, die im ersten Moment abwegig erscheinen, doch im zweiten Moment eine noch nie dagewesene Vision verkörpern.

Projektor:in:

Indem du die richtigen Menschen mit den richtigen Möglichkeiten verbindest, wirst du Erfolg und Anerkennung in dein Leben ziehen.

Reflektor:in:
Was nimmst du wahr? Wie oft sind Menschen in ihrem Denken und Handeln zu geradlinig und unterdrücken ihre bunte Fantasie? Was passiert durch diese Unterdrückung? Zu welchen Auswirkungen kommt es und welche Werte und Räume müssen geschaffen werden, damit Menschen ihre Fantasie zum Positiven nutzen?

Die Botschaft an dich, wenn dein Zentrum …

Definiert/wirkend ist:

- Dein Umfeld liebt dich für deine sprudelnden Ideen und Gedanken. Deine Fantasie möchte frei und ungebunden sein. Teile sie mit anderen.

Nicht definiert/wahrnehmend ist:

- Du wirst von deinem Umfeld inspiriert und bekommst neue Möglichkeiten und Gedanken gezeigt. Welche davon möchtest du übernehmen? Welche fühlen sich schräg an?

Typische Situation im Alltag … wenn das Zentrum in deiner Körpergrafik …

Definiert/wirkend ist:

- Deine Fantasie kennt keine Grenzen und kommt impulsartig in dir hoch.
- Manchmal hast du Angst, deine Fantasien auszudrücken.

Nicht definiert/wahrnehmend ist:

- Du bist fasziniert von den Inspirationen, die dir begegnen, möchtest jedoch viele davon nicht umsetzen oder annehmen, da sie nicht zu dir gehören.

Reflektiere für dich …

- Worüber philosophierst du gerne?
- Was in der Menschheitsgeschichte interessiert dich?
- Wann kannst du am besten über deine vergangenen Erfahrungen reflektieren?
- Welche Zusammenhänge hast du das letzte Mal erkannt, weil du ganz andere Fragen gestellt hast?
- Was macht derzeit in deinem Leben so richtig Sinn?

Thema: Logik

Botschaft

Verifiziere, was du dachtest.

Tagesimpuls:

Wenn wir von einer Sache überzeugt sind, wollen wir oft Recht haben. Wir können zwar die Wahrheit sagen, jedoch gibt es immer noch eine andere Seite der Medaille, sodass auch dein Gegenüber Recht haben könnte. Beobachte dich in Interaktion mit anderen. Wo beharrst du auf die Akzeptanz deiner Sichtweise? Wo entwertest du damit deinen Gegenüber unbewusst?

Unterstützende Affirmationen:

- Heute gebe ich einer anderen Wahrheit eine Chance.
- Logik ist wandelbar.
- Ich überprüfe, was ich dachte.

Die Botschaft an dich als …

Generator:in:

Deine Logik unterstützt dich dabei, Konzepte und Ideen zu verifizieren, zu bewerten und zu optimieren, damit du dich und andere zum Erfolg bringen kannst. Erzwinge keine Antworten oder Schlussfolgerungen, sondern reagiere körperlich auf die Dinge, die sich im Außen zeigen.

manifestierende Generator:in:

Du nutzt deine Logik gerne, um Dinge zu optimieren, die noch nicht effizient genug sind. Diese Gabe schätzen andere an dir. Dabei darfst du immer im Vertrauen auf das Leben, seine Optionen und Möglichkeiten reagieren.

Manifestor:in:

Logik hilft dir dabei, deine Visionen und Ideen zu bewerten und zu überprüfen. Sind sie wirklich tauglich fürs Kollektiv? Dann nichts wie los.

Projektor:in:

Durch deine logischen Fähigkeiten kannst du Projekte und Wege der anderen sehr gut analysieren und ihnen eventuelle Optimierungsvorschläge mitgeben, sofern dieser dafür bereit ist.

Reflektor:in:

Was erkennst du in der Gesellschaft? Hinterfragen wir die Dinge grundsätzlich, die wir im Außen wahrnehmen oder nehmen wir alles sofort als wahr und gültig auf? In welchen Lebensbereichen könnte dies zur Gefahr werden? Wie können wir unsere Logik so einsetzen, dass sie uns dient und nicht zu unserer Entscheidungshilfe wird?

Die Botschaft an dich, wenn dein Zentrum ...

Definiert/wirkend ist:

- Dein Umfeld nimmt dich als jemanden wahr, der viele Fragen stellt, die er beantwortet haben möchte. Dadurch strahlst du Sicherheit in Themenbereichen aus, da du in die Tiefe gehst und alles darüber wissen möchtest.

Nicht definiert/wahrnehmend ist:

- Der Wissensdurst der anderen inspiriert dich. Tiefgehende Fragen zu unterschiedlichen Themen findest du bereichernd. Lasse dich davon jedoch nicht verunsichern und triff daraus keine Entscheidungen.

Typische Situation im Alltag ... wenn das Zentrum in deiner Körpergrafik ...

Definiert/wirkend ist:

- Du stellst gerne Fragen und erwartest dir Antworten.
- Sind die Antworten nicht zufriedenstellend, bleibst du weiter skeptisch.
- Du hast eine logische Struktur, wie du Dinge hinterfragst.

Nicht definiert/wahrnehmend ist:

- Du bist fasziniert von den überprüfenden Fragen anderer.
- Du grübelst manchmal zu lange über die Fragen der anderen nach und suchst nach Antworten.

Reflektiere für dich ...

- Welche Fragen stellst du dir tagtäglich? Zu welchen Antworten kommst du?
- Was ist für dich wann falsch?
- Welchen Maßstab nutzt du, um zu überprüfen, ob etwas noch korrekt ist?
- Wann im Leben hat es dir schon einmal geholfen, etwas gründlichst zu überprüfen?

Thema: Mysterium

Botschaft

Öffne dich für das Mysterium dieser Welt.

Tagesimpuls:

Verspürst du den enormen inneren Druck, Dinge bei dir und anderen unbedingt verstehen zu wollen? Je mehr du es erzwingst, desto weiter entfernst du dich von dir. Du darfst warten, bis deine innere Erkenntnis in dir auftaucht und sich dir offenbart.

Unterstützende Affirmationen:

- Es gibt keine dummen Fragen. Nur die ungestellte Frage ist eine dumme Frage.
- Durch mich wird sichtbar, welche Menschheits-Fragen noch ungeklärt sind.

Die Botschaft an dich als ...

Generator:in:

Während des Prozesses des Entstehens offenbaren sich dir oft die universellen Wahrheiten und Mysterien unserer Welt. Bleibe aufgeschlossen und beobachte deine Außenwelt.

manifestierende Generator:in:

In dir kann der Wunsch nach innerer Stille aufkommen. Wenn du im jetzigen Moment bleibst, also im Hier und Jetzt, zeigt sich deine innere Wahrheit und du kannst in deinem authentischen Selbst baden.

Manifestor:in:

Dein innerer Antrieb ist, etwas noch nie Dagewesenes herbeizuführen. Dafür darfst du hinter den Schleier der Mysterien schauen und deine innere Wahrheit entdecken. Vertraue, dass sich zur richtigen Zeit der Schleier heben wird und du deine Vision ganz klar in dir erkennst und trägst.

Projektor:in:

Du greifst nach dem Unbegreifbarem und möchtest durch diese inneren Erkenntnisse nachhaltige, lebendige Systeme kreieren. Vertraue auf deine inneren Weisheiten und versuche sie nicht mit Logik zu erklären.

Reflektor:in:
Welche kreisenden Gedanken plagen die Menschheit und halten sie in ihrem eigenen Gedankenkäfig gefangen? Erkennst du Muster der Vergangenheit?

Die Botschaft an dich, wenn dein Zentrum ...

Definiert/wirkend ist:
- Nicht alles im Leben verfolgt eine gewisse Logik. Bleibe offen für die Mysterien des Lebens, die sich dir zur richtigen Zeit offenbaren.
- Dein Umfeld wird von dir zum Nachdenken angeregt. Inspiriere sie durch deine Fragen.

Nicht definiert/wahrnehmend ist:
- Lasse dich von den Mysterien im Außen inspirieren und konzentriere dich auf die für dich wichtigen Fragen. Du hast die Fähigkeit, sie aufs Wesentliche herunterzubrechen.

Typische Situation im Alltag ... wenn das Zentrum in deiner Körpergrafik ...

Definiert/wirkend ist:
- Du trägst oft innere Weisheiten in dir, die dein Umfeld inspirieren und bewundert werden.
- Du neigst manchmal zur Ungeduld und willst innere Erkenntnisse erzwingen oder suchst krampfhaft danach.

Nicht definiert/wahrnehmend ist:
- Du kannst oft das Wesentliche hinter den großen Mysterien der Welt erkennen.
- Die Fragen anderer inspirieren dich. Doch manchmal kreisen deine Gedanken nur noch um die Lösung bzw. die Antworten dieser Fragen.

Reflektiere für dich ..
- Welche Fragen kreisen dir immer wieder im Kopf herum?
- Auf welche Frage findest du partout keine Antwort?
- Für welche Frage wurdest du einmal belächelt, bei denen sich herausstellte, dass diese neue Perspektiven eröffneten?
- Welche Frage hat in deinem Leben WIRKLICH etwas TIEFGREIFEND verändert?
- Was inspiriert dich aktuell? Was löst es in dir aus? Worüber denkst du dann nach?

Lege mit den Karten

Deine Authentizität | „Was blockiert dein authentisches SEIN aktuell?“

So gehst du vor:

- Du ziehst 4 Karten und folgst den nachstehenden Schritten.
- Suche dir die Deutungen zu der entsprechenden Karte heraus.
- Lass alles auf dich wirken und halte deine Impulse, Wünsche oder Gedanken fest.

Schritt 1:
Auf welchem Zentrum liegt gerade eine **Blockade** und verhindert deinen authentischen Lebensausdruck?
Ziehe eine Karte 1

Schritt 2:
Lösung: Welches Zentrum kann dich dabei unterstützen, die **Blockade zu heilen**?
Ziehe eine Karte 2

Schritt 3:
Katalysator: Welche Karte kann dich im Heilungsprozess noch unterstützen, diesen zu verbessern/ zu beschleunigen und die Früchte des Prozesses zu vermehren?
Ziehe eine Karte 3

Schritt 4:
Resultat: Wozu führt dich dieser Prozess?
Ziehe eine Karte 4

Reflexion deiner Konditionierungen und Prägungen | „Ich werde frei von …"

So gehst du vor:

- Wir alle sind durch unsere Vergangenheit gefärbt.
- Doch unsere Vergangenheit muss nicht unsere Zukunft bestimmen.
- Nutze diese Legung, um für dich herauszufinden, auf welchem Zentrum und Thema noch Schwere für dich liegen.
- Du ziehst 4 Karten und folgst den nachstehenden Schritten.
- Suche dir die Deutungen zu der entsprechenden Karte heraus.
- Lass alles auf dich wirken und halte deine Impulse, Wünsche oder Gedanken fest.

Schritt 1:
Auf welchem Zentrum liegt gerade noch eine **Blockade** und verhindert, dass du dich hier ganz frei fühlen kannst?
Ziehe eine Karte 1

Schritt 2:
Ursache: Welches Zentrum bzw. Thema eines Zentrums hat eine Antwort für dich bereit dafür, woher es kommt?
Ziehe eine Karte 2

Schritt 3:
Katalysator: Welche Karte hat eine Botschaft für dich, WIE du das Thema befreien und heilen kannst?
Ziehe eine Karte 3

Schritt 4:
Resultat: Wozu führt dich dieser Prozess?
Ziehe eine Karte 4

Deine Körpergrafik | „Wie ich wirke“

So gehst du vor:

- Nimm alle Karten des Kartendecks zur Hand.
- Suche nun alle Karten heraus, die für ein Zentrum stehen, das du in deiner Körpergrafik eingefärbt hast.
- Mische die Karten und fächere sie vor dir verdeckt aus.
- Denke an diese jeweiligen Fragen und ziehe jeweils eine Karte aus dem Kartenfächer:
    1. Was nehmen andere von mir derzeit am meisten wahr?
    2. Welches Zentrum/Thema vitalisiert mein Umfeld am stärksten?
    3. Mit welchem Zentrum/Thema ecke ich in meinem Umfeld immer wieder an?
    4. Was unterstützt mich dabei, die Wirkung von 3) zu unterstützen?

Deine Körpergrafik | „Was ich wahrnehme“

So gehst du vor:

- Nimm alle Karten des Kartendecks zur Hand.
- Suche nun alle Karten heraus, die für ein Zentrum stehen, das du in deiner Körpergrafik eingefärbt hast.
- Mische die Karten und fächere sie vor dir verdeckt aus. Denke an diese jeweiligen Fragen und ziehe jeweils eine Karte aus dem Kartenfächer:
  1. Welche deiner definierten/wirkenden Zentren/Themen nimmst du derzeit in deinem Umfeld am intensivsten wahr?
  2. Was macht das mit dir?
  3. Welche Botschaft steckt hier für dich dahinter?
  4. Welchen Beitrag leistest du hier mit deiner Wahrnehmung, sofern du diese in deinem Umfeld teilst?

Deine Körpergrafik | „Die Dualität des Seins"

So gehst du vor:

- Sortiere die Karten des Kartendecks nach den 9 Zentren – einen Stapel für jedes Zentrum.
- Nimm dir ein A4 Blatt zur Hand und zeichne 3 Flächen ein. Eine für das Zentrum, mit welchem du für diese Legung arbeiten magst und zwei Flächen darunter für dessen Licht- und Schatten-Aspekt. Ziehe jeweils zwei Karten, welches Thema
    1. im Licht und
    2. welches im Schatten gelebt wird.
- Siehe nachstehende Skizze dazu.
- Ziehe nun für jedes deiner Zentren zwei Karten (immer nur aus dem entsprechenden Stapel zu dem jeweiligen Zentrum). D.h. du ziehst eine Karte dafür, welches Thema du gerade im Licht lebst, und eine Karte dafür, welches der Themen des Zentrums du gerade eher im Schatten lebst.

Über die Autorinnen

Stephanie Korn, Milz-Manifestorin 6/2, hat in hunderten Coachings- und Trainingsstunden das Human-Design-Wissen erforscht und mit diesem experimentiert. Sie ist Gründerin des ***Unique'versum®s*** und hilft Menschen mit ihrem Podcast ***Unique'Korn***®, Büchern und in *Human Design* Coachings, Trainings und (Unternehmens-)Beratungen darin, ihre innere Sicherheit wiederzufinden und selbstbewusst darin zu werden, ihre vermeintliche „Seltsamkeit" als willkommenes Geschenk nach außen zu tragen – ohne Angst davor, dass sie es nicht verdient hätten, und ohne Sorge, „dafür bestraft zu werden". Und bemerken zu dürfen, dass es wahrhaftiger und leichter ist, so der Welt zu begegnen.

Laura Friedrich ist Grafikdesignerin, sakrale Generatorin 5/2, *Human Design* Pracitioner und Gründerin des *Human Design* **Online Summits.** Sie verbindet ihre Leidenschaft für Design mit der ästhetischen, ansprechenden und lebendigen Vermittlung von Wissen rund um *Human Design* und gestaltet damit einen neuen - auch optisch ansprechenden - Standard. Ihr Wissen und ihre Liebe zu allem Schönen hat sie bisher schon in viele weitere **Human Design Produkte** wie Kartensets, Kalender und Journals gesteckt. Ihr ist es wichtig, dass es Freude macht, ins eigene *Human Design* einzutauchen.

Danksagung

Wir möchten uns von Herzen für das Vertrauen des Königfurt-Urania Verlag in uns sowie das *Human Design* System bedanken.
Unser besonderer Dank gilt Jennifer Lorenzen-Peth vom Königfurt- Urania Verlag, die voller Zuversicht, Vertrauen, Geduld und Herzlichkeit dieses Kartenset im Entstehen und Gedeihen unterstützt hat.

Vielen Dank für deine Wertschätzung und intensive Begleitung.
Fachlich zur Seite gestanden hat uns mit all ihrer Tiefe, Hingabe, Leidenschaft und Blick für all die Facetten des *Human Designs* unsere sehr wert geschätzte *Human Design* Kollegin Jennifer Nicole Król. Danke für dein unschätzbares Feedback und Unterstützung.

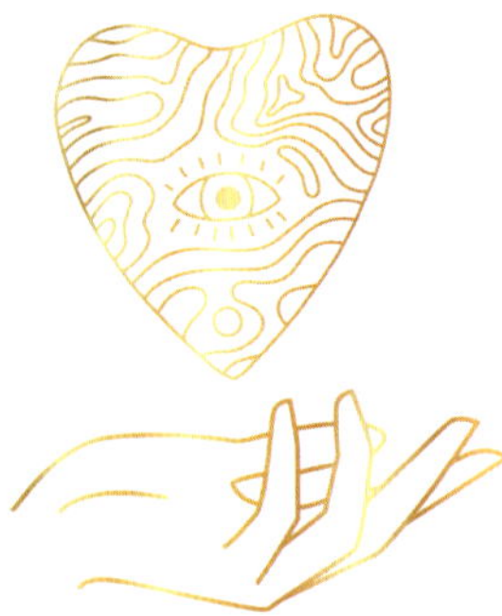

Bildnachweis

Gestaltung der Karten, des Buches und der Box unter der Verwendung von Illustrationen von:

Human Design Grafiken
© Laura Friedrich Design / www.humandesign-living.com
Kartenrückseite, Bucheinband, Schachtel,
Seite 14, 16, 18, 19, 21, 27, 46, 58, 70, 82, 95, 108, 120, 131, 142

Foto Stephanie Korn, Seite 157
© Sören Eversmeier Photography / www.se-photography.org

Foto Laura Friedrich, Seite 157
© Daniela Knipper Fotografie / www.daniela-knipper.de

Set with female magical hands. Icons and logos trend one line vector illustration. Moden mystical concept
© Lucky Project / stock.adobe.com
Karte: Kreativität, Ängste oder Korrektur, Richtung, Raum & Zeit, Handlung, Logik

Boho mystic doodle esoteric set. Magic line art poster with tarot card, witch hat, cauldron
© anya / stock.adobe.com
Karte: Geschwindigkeit, physische Existenz, Energiequelle, emotionale Bewusstheit, Ziele, Durchsetzungsvermögen

Boho mystic doodle esoteric set. Magic line art poster with moon, key,shell, mushrooms.
© anya / stock.adobe.com
Karte: Dienen vs. Führen, Natur, Familie, Raum & Zeit, Fragen, Anbindung an die geistige Welt, Sexualität, Seite Danksagung

Set of magic boho symbols. Collection of gypsy sacred elements and sign in modern boho style. Golden minimal line art.
© Pictulandra / stock.adobe.com
Karte: (Lebens-)Druck, Liebe zum Leben, Emotionen & Gefühle, Langsamkeit, Ideen

Mystic boho logo, design elements with moon, hands, star, eye, crystal bottle, ball future. Vector magic symbols isolated on white background
© biancaoddi / stock.adobe.com
Karte: (Ur-)Vertrauen, bedingungslose Liebe, Manifestation, Mysterium, Zukunft

Mystical Astrology Elements Magical Space Planets Stars With Female Hands Faces Illustration Set
© Taimor / stock.adobe.com
Karte: Freude & Spaß, Vergangenheit, höheres Selbst, Inkarnation, Sprache, Mediation, Abstraktion, Materie, WIR vs. ICH

Woman hugging herself in continuous line drawing, Love your body concept, Isolated on the white background, vector illustration monochrome, Drawing by lines, Minimalist Style.
© Victoria / stock.adobe.com
Karte: Wohlbefinden / Gesundheit

Magic woman boho vector illustrations of graceful feminine women and esoteric symbols set
© provectors / stock.adobe.com
Karte: Lebenskraft, Sichtbarkeit, Konzepte, mentales Bewusstsein, Klarheit

Set of logos in minimalistic linear style with beautiful esoteric female silhouette. For hairdressers, beauty salons, organic cosmetics, spas, prints, jewelry store.

Karte: Lust & Leidenschaft, Metamorphose, Mediation

Yoga silhouette. Meditating woman in lotus position. Vector illustration.

Kartenrückseite, Bucheinband, Schachtel

Abstract collection watercolor art

Goldglitzer auf allen Seiten / Aquarell Hintergründe auf allen Karten